# Elisabeth Lukas

# Dein Leben ist deine Chance

## Anregungen zu einer sinnvollen Lebensgestaltung

VERLAG NEUE STADT
MÜNCHEN · ZÜRICH · WIEN

Aus der Reihe: LebensWert

Klimaneutral gedruckt. Weil jeder Beitrag zählt.

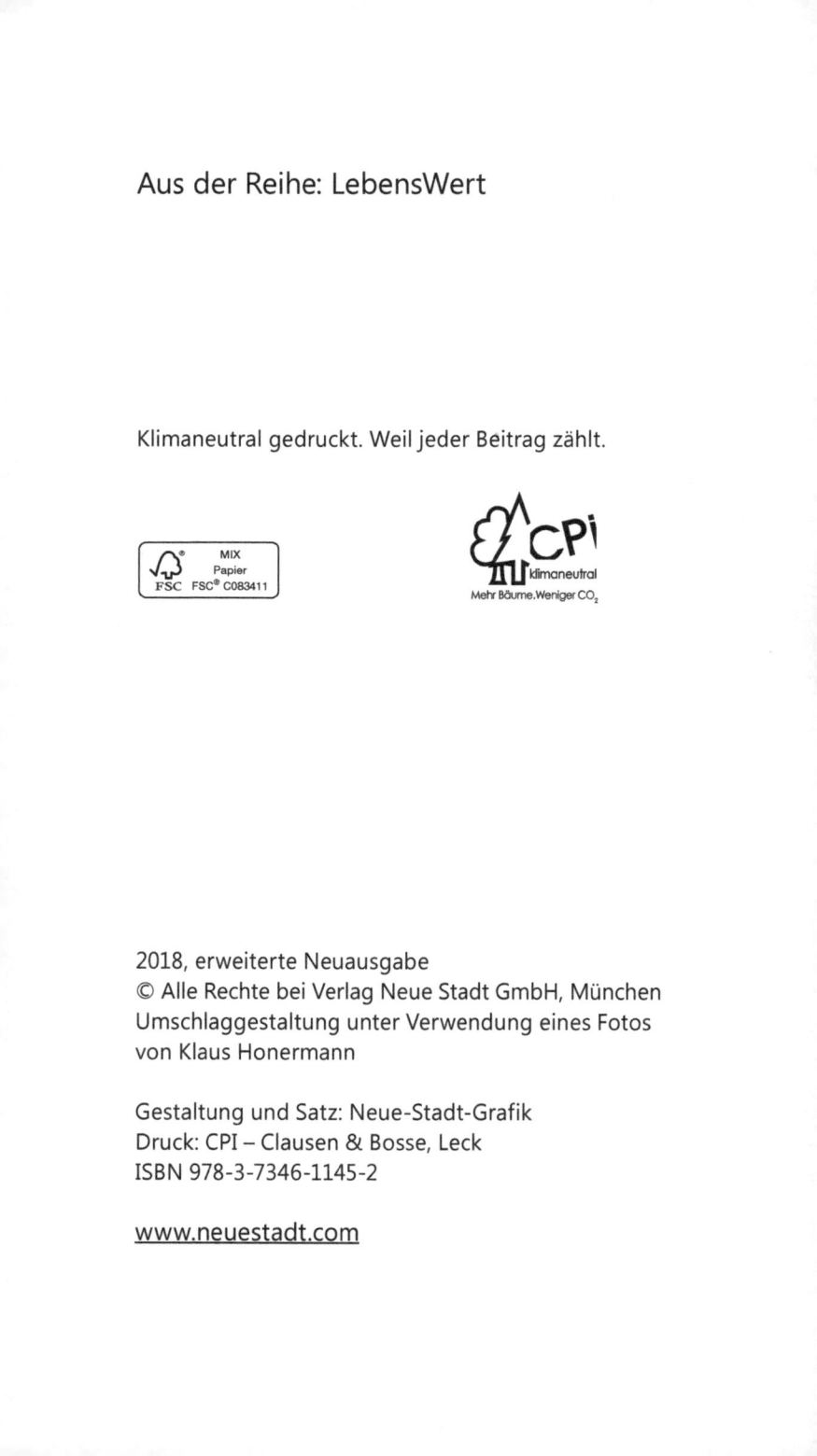

2018, erweiterte Neuausgabe
© Alle Rechte bei Verlag Neue Stadt GmbH, München
Umschlaggestaltung unter Verwendung eines Fotos
von Klaus Honermann

Gestaltung und Satz: Neue-Stadt-Grafik
Druck: CPI – Clausen & Bosse, Leck
ISBN 978-3-7346-1145-2

www.neuestadt.com

# Inhalt

## TEIL I

## TEIL II

## TEIL III

# TEIL IV

# TEIL I

## Frankls sinnzentrierte Psychotherapie

Anlässlich des 20. Todestages von Viktor E. Frankl am 2. September 2017 gab es zahlreiche Veranstaltungen, darunter eine Fernsehsendung des ORF zum Gedenken an diesen „großen Sohn Österreichs", einen Wissenschaftler, dessen Ruhm um die Welt ging. Bei dieser Fernsehsendung hat der Moderator eine interessante Parallele gezogen: In den 1930er-Jahren, in denen Frankl die Grundzüge seiner sinnzentrierten Psychotherapie namens „Logotherapie" entworfen hat, sei die allgemeine Stimmungslage in seiner Heimat (und darüber hinaus) der heutigen Stimmungslage großer Bevölkerungsteile nicht unähnlich gewesen. Die Menschen wussten damals nicht, was auf sie zukommen werde, aber sie ahnten Schlimmes – und wie sich alsbald zeigen sollte – zu Recht. Sie fühlten sich an gigantische politische und wirtschaftliche Mächte ausgeliefert. Die rasanten technischen Entwicklungen (immerhin war die Atombombe in Vorbereitung) machten ihnen Angst. Extreme Grausamkeiten (Stichwort Antisemitismus) breiteten sich unter sogenannten Normalbürgern ungezügelt aus. Heute sind es andere Entwicklungen und andere Grausamkeiten (etwa im Internet), aber die Gefühle des Ausgeliefertseins und der Angst unter den Menschen sind ähnlich, und die Ahnung von etwas Schlimmem, das sich auf der internationalen Bühne zusammenbrauen könnte, ist nicht minder vorhanden. Da war und ist Frankls Gedankengut eine starke philosophisch-psychologische Gegenströmung zur „Pathologie des Zeitgeistes".

Betrachten wir einige Eckpfeiler seines Gedankengutes.

*1. Es hält die Würde des Menschen hoch.* Damals wie heute schien ein Menschenleben nicht viel zu gelten. Und immer wieder wurden und werden gewisse Menschenleben als weniger wertvoll eingestuft als andere. Frankl hingegen filterte aus sämtlichen Unterschieden, die uns Menschen voneinander trennen, den gemeinsamen *spezifisch humanen* Nenner heraus, der uns über Rassen, Religionen, Parteien oder Hautfarben hinweg eint. In seinem Konzept von einer „geistigen Dimension", mit der wir menschlichen Wesen begabt sind, konnte er überzeugend darlegen, dass uns allen eine Ursehnsucht, ein „Wille zum Sinn" innewohnt, dass dieser Wille der Potenz nach frei ist und dass sich Glück, Selbstbestimmung und

Frieden nur einstellen, wo diesem Willen gefolgt wird.

2. *Es kommt auf jeden Einzelnen an.* Jeder Einzelne hat in dem kleinen Umfeld, in dem er sich regt und etwas bewirkt, einen minimalen Spielraum, den er auf positive oder negative Weise nützen kann. Es gilt, die Aufmerksamkeit von jenen Mächten, an die wir ausgeliefert sein mögen, abzuziehen und sinnorientiert zu handeln, wo immer dies möglich ist. Dabei können wir auf die Assistenz unserer innersten „Gewissensstimme" vertrauen, die uns bekömmliche Wege weist und bei Grausamkeiten einzubremsen versucht. Sinnorientierung sprengt die Zielsetzung von Eigenvorteilen und Lustgewinnen, weil sie die Mitmenschlichkeit und das Wohl der Umwelt in ihr Kalkül mit einbezieht. Wenn genügend Einzelne sinnorientiert handeln, kann Gutes für viele entstehen.

3. *Es kommt nicht nur auf Taten, sondern auch auf die Gesinnung an.* Der Mensch kann sich zu allem und jedem auf eine Art seiner Wahl einstellen. Von diesen individuellen Einstellungen hängen nicht nur seine Entscheidungen, sondern auch seine seelische Verfassung und seine Ausstrahlung auf andere Menschen ab. Insbesondere wenn ein trauriger Sachverhalt nicht (mehr) zu ändern ist, stellt sich die Frage nach der Haltung, mit der ein Betroffener diesen Sachverhalt trägt bzw. erträgt, mit Brisanz. Er kann mit Hader und wütenden Rundumschlägen reagieren, mit De-

pression und Verzweiflung. Er kann sich aber auch zu Gelassenheit und heroischer Akzeptanz aufschwingen. Die tapfere Annahme eines unabänderlichen Leides ist ein Akt höchster Sinnerfüllung.

*4. Die Beschäftigung mit der Sinnfrage steigert den Bewusstheitsgrad einer Person.* Zweifellos liegt darin die eminente Bedeutung des Franklschen Gedankengutes für die heutige Zeit. Zur Begründung sei zunächst geklärt, was unter Bewusstheit zu verstehen ist. Gemeint ist nicht, dass etwas Unbewusstes über sich selbst, das in einem Menschen schlummern würde, diesem plötzlich oder allmählich bewusst würde. Mit solch „aufdeckenden" Prozessen haben sich die Vorgänger Frankls, allen voran Freud und Adler, intensiv beschäftigt. Beim Phänomen der *Bewusstheit* geht es hingegen um Erkenntnisse über Werte, die noch nicht oder nicht genügend in einem Menschen schlummern. Es geht um Erkenntnisse, die in eines Menschen Bewusstsein hineingelangen sollen.

Sehen wir uns ein paar einfache Beispiele an: Ein Kind ist schlechter Laune und verpasst der Hauskatze einen Fußtritt. Ist dem Kind *bewusst*, welchen Schmerz es der (unbeteiligten) Katze zufügt? Ein Mann verschlingt in seiner Mittagspause zwei Portionen Fastfood und trinkt eine Flasche Bier dazu. Ist dem Mann *bewusst*, wie sehr er seinen Organismus belastet? Eine Frau ist auf eine tüchtige Arbeitskollegin neidisch und verschweigt ihr wichtige Informationen. Ist der Frau *bewusst*, wie unfair sie sich verhält?

Die Beispiele können auch in eine andere Richtung fortgeführt werden. Ein Kind wächst behütet in einer intakten Familie auf. Ist dem Kind *bewusst*, dass ihm ein Privileg zuteil geworden ist, das unzählige Kinder vermissen? Ein Mann genießt eine erholsame Urlaubsreise auf seiner Jacht. Ist dem Mann *bewusst*, dass sich Millionen Menschen für ein paar Bissen Brot unsäglich abrackern müssen? Eine Frau feiert ihren 80. Geburtstag. Ist der Frau *bewusst*, welche Gnade es ist, so alt werden zu dürfen?

Die Beispiele zeigen, dass jegliche Anhebung des *Bewusstheitsgrades* Bezüge zu existierenden Werten herstellt, achtsam und dankbar macht und zu verantwortlichem Leben stimuliert. Nie zuvor war dies nötiger als heute in unserer dicht besiedelten, hektisch pulsierenden Welt. Denn sobald Werte bewusst wahrgenommen werden, keimt eine intrinsische Zuneigung zu ihnen auf – der Mensch neigt sich ihnen geistig zu, er will ihnen nicht mehr schaden, er will sie erhalten und fördern; in ihrem Bann fühlt er sich ihnen seltsam verpflichtet, als wären sie ihm auf die Seele gebunden und ins Herz geschrieben. Das Kind, das die Hauskatze schätzt, tritt sie nicht. Der Mann, der den Wert der Gesundheit kennt, verzichtet auf übermäßigen Fastfood- und Bierkonsum. Die Frau, die die Tüchtigkeit ihrer Arbeitskollegin bewundert, hintergeht sie nicht.

Dankbare Personen wiederum wissen, dass nicht jedermann solche Gründe zur Dankbarkeit hat. Wer als Kind behütet war, fühlt Mitleid mit vernachlässigten Kindern und setzt sich nach Kräften für sie ein. Wer im materiellen Wohlstand lebt, unterstützt freigiebig Darbende. Wer ein hohes Alter erreicht hat, jammert und klagt nicht ... – aber eben nur bei hinreichender *Wertbewusstheit,* und daran mangelt es leider oft.

Diesen Mangel beheben kann *die Beschäftigung mit der Sinnfrage,* wie Frankl entdeckt und gelehrt hat. Täglich stellen wir uns Fragen und müssen sie beantworten. Von banalen Fragen wie: „Was soll ich bei diesem Wetter heute anziehen?", „Soll ich mit dem Fahrrad noch eine Runde drehen?" oder „Soll ich mir den späten Krimi angucken?" bis hin zu ernsten Fragen wie: „Soll ich meiner Mutter ins Gesicht sagen, wie sehr sie mir auf die Nerven geht?", „Soll ich mir den teuren Wagen leisten und dafür einen Kredit aufnehmen?" oder „Soll ich die begonnene Ausbildung abbrechen, weil sie mir zuwider ist?" ringen wir ständig um Antworten ans Leben. Wirklich Qualität bekommen unsere Antworten jedoch einzig und allein, wenn die Sinnfrage mitberücksichtigt wird. Dann und nur dann steigt, wie erläutert, die Bewusstheit über Werte und lenkt unsere Antworten in sinnvolle Bahnen wie etwa: „Warm anziehen wäre bei diesem Wetter klug", „Bewegung auf dem Fahrrad wäre super", „Schlafen wäre besser als Krimi-Schauen", „Ein offenes, aber freundliches Gespräch mit der Mutter wäre zu empfehlen", „Der teure Wagen muss nicht sein" oder „Die Ausbildung sollte durchgezogen werden". Antworten unter dem Horizont der Sinnfrage sind nicht durchgehend angenehme Antworten, aber auf jeden Fall sind es Antworten, die keine Werte riskieren, sondern sie eher auf Hochglanz polieren, was für das gesamte Umfeld zuträglich ist.

Demzufolge ist Frankls Werk, das sich um des Menschen „Sinnerfassungskapazität" rankt, aktueller denn je. Die großen Fragen, die sich gegenwärtig stellen, sprengen jeglichen bisherigen Rahmen. Jeder Einzelne ist aufgefordert, sie für sich selbst – möglichst sinnvoll – zu beantworten. Auf jeden Einzelnen kommt es an, wie wir gehört haben, auf seine Taten und auf seine Gesinnung. Von jedem Einzelnen wird mit abhängen, welche Erde und welches Erbe die nächsten Generationen vorfinden werden: ein unvorstellbares Massendesaster oder eine funktionsfähige Menschheitsfamilie. Skizzieren wir einige Stichworte dazu:

*Stichwort „Klima":* Die Frage nach dem Sinn kurbelt die Bewusstheit an, dass wir biologischen Wesen auf klimatische Bedingungen angewiesen sind. Sie inspiriert zur materiellen Selbstbeschränkung und zum Klimaschutz.

*Stichwort „Natur":* Die Frage nach dem Sinn kurbelt die Bewusstheit an, dass saubere Luft, sauberes Wasser, Pflanzen und Tiere Schätze sondergleichen sind. Sie inspiriert zum sorgfältigen Umgang mit diesen Schätzen.

*Stichwort „Mitmenschen"*: Die Frage nach dem Sinn kurbelt die Bewusstheit an, dass wir *eine* Spezies mit gleicher Würde und gleichen Rechten sind. Sie inspiriert zu gegenseitiger Achtung, Toleranz und friedlicher Koexistenz.

*Stichwort „Arbeit"*: Die Frage nach dem Sinn kurbelt die Bewusstheit an, dass nur Arbeiten, die in Ruhe und gern gemacht werden, gut gemacht werden. Sie inspiriert zur Absage an Ausbeutung, Rivalität und Hetzjagd.

*Stichwort „Familie"*: Die Frage nach dem Sinn kurbelt die Bewusstheit an, dass es für heranwachsende Kinder nichts Besseres gibt als familiäre Geborgenheit. Sie inspiriert zum Erhalt von Liebe, Treue und Beständigkeit.

*Stichwort „Konsumation"*: Die Frage nach dem Sinn kurbelt die Bewusstheit an, dass Vitalität mit dem Maße dessen zu tun hat, was man in sich und in sein Zuhause „hineinstopft". Sie inspiriert zu Vernunft und Bescheidenheit.

*Stichwort „Zeitverwendung"*: Die Frage nach dem Sinn kurbelt die Bewusstheit an, dass Zeit eine kostbare Ressource mit Ablaufdatum ist. Sie inspiriert zur Vorsicht bei Zerstreuungen und zur Konzentration auf Wesentliches.

*Stichwort „Leid"*: Die Frage nach dem Sinn kurbelt die Bewusstheit an, dass es auch im Leid noch Möglichkeiten gelingenden Lebens gibt. Sie inspiriert zu innerem Wachstum und zur kreativen Bewältigung von Frustrationen.

*Stichwort „Freude":* Die Frage nach dem Sinn kurbelt die Bewusstheit an, dass echte Freude ein Nebeneffekt jeder Wertberührung ist. Sie inspiriert zum Widerstand gegen artifizielle Glücksbringer und Suchtgefahren.

Diese wenigen Stichworte unterstreichen zur Genüge die Aktualität von Frankls Gedankengut. Weit über den ursprünglich medizinischen und psychotherapeutischen Raum hinaus gewinnen Frankls Einsichten im 21. Jahrhundert zunehmend an Befürwortern. Religiöse Entwürfe verlieren vielfach an Glaubwürdigkeit, althergebrachte Traditionen lösen sich auf, Gesellschaften befinden sich im Umbruch, kulturelle und moralische Standpunkte brennen herunter, aber im Schutt und in der Asche dieser Trümmer leuchtet *der Sinn* auf wie ein unvergänglicher Kristall. Solange Menschen ihn suchen und finden (und das werden sie kraft ihrer Geistigkeit immer tun), können positive Innovationen entstehen und wird Zukunft eine Chance haben.

Wenn Frankl uns nur *darauf* aufmerksam gemacht hätte, hätte er es bereits verdient, ein Genie genannt zu werden.

# Ein Gesundheitsnotstand in den USA?

An das zuletzt skizzierte Stichwort anknüpfend möchte ich die Bedeutung der Franklschen Einsichten anhand des so wichtigen Themas „Freude" spezifizieren. Jeder Mensch möchte sich freuen. Ohne Freude ist das Leben öde, schal und leer. Der Durchschnittsbürger meint sogar, dass es ihn eher nach Freude in seinem Leben verlangt als nach Sinn. Und nicht selten hegt er die Überzeugung, dass er sich mit genügend Geld alles, auch die Freude, kaufen könne.

Durchschnittsbürger haben im Allgemeinen ein feines Empfinden für das Richtige, doch in Bezug auf die Freude sind sie in einem gravierenden Irrtum befangen. Die Lektüre von Frankls Schriften könnte ihnen helfen, ihn zu erkennen, doch die meisten Menschen sind keine „Leseratten" mehr. Sie sind es gewohnt, Knöpfe zu drücken und über Bildschirme zu wischen und sich vorgefertigte Denkmodelle servieren zu las-

sen, die sie der Einfachheit halber einfach übernehmen. Je komplexer Wissensmodule werden, desto weniger durchschaubar sind sie, und am Ende der
Wissensüberflutung steht meistens die Verdummung.

Es sind gerade „die braven Durchschnittsbürger",
die ihren Irrtum in Bezug auf die Freude büßen. Denn
Tatsache ist, dass sich Freude im Leben weder erhaschen noch erkaufen lässt. Nichts verscheucht sie si-
cherer als die Bemühung, sie zu erzwingen. Die Freude kommt von ganz allein zu einem Menschen – oder
sie kommt nicht. Sie kommt zunächst unbemerkt und
überrascht ihn geradezu, sobald er sie bemerkt. Das
Erstaunlichste aber ist, dass die Freude sich auch in
einem beschwerlichen Leben einstellen und einem
bequemen Leben fernbleiben kann. Sie lässt absolut
nicht mit sich handeln, und das im wahrsten Sinne
des Wortes: Jeglicher „Handel" mit dem „Artikel"
Freude ist zum Scheitern verurteilt.

In unserer Welt der Extreme beobachten besorgte
Wissenschaftler und Mediziner zurzeit ein derartiges
Massenscheitern in den USA. Der Handel mit anre-
genden Glückspillen und schmerzsenkenden Opino-
iden boomt, aber statt eines kometenhaften Anstiegs
an fröhlichen Menschen gibt es einen kometenhaften
Anstieg an Drogentoten in der Bevölkerung. Die Be-
hörden sind alarmiert, und der Präsident hat den Gesundheitsnotstand ausgerufen. Jetzt wird fieberhaft
überlegt, wie dieser „Epidemie" gegengesteuert werden könnte. Zweifellos ist das Problem vielschichtig,
trotzdem läuft es auf einen simplen zentralen Punkt

hinaus: Es soll Freude erzeugt oder zumindest das Leiden an der Freudlosigkeit durch Betäubung vermindert werden. Nun: Freude künstlich zu erzeugen, funktioniert nicht, aber eine Betäubung zu erzeugen ist leicht, und so geben sich viele Konsumenten damit zufrieden ... Wenn Fressorgien, Computer-Spiele, Autorasereien, Sexexzesse etc. nicht mehr hinreichend von der Freudlosigkeit ablenken, dann schaffen es Alkohol, Heroin oder die neuesten Kassenschlager Fentanyl und Oxycodon bestimmt.

Gibt es ein wirksames Gegenmittel gegen diese „Epidemie"? Bei Frankl finden sich richtungweisende Hinweise; es gilt schließlich, der Freude auf die Spur zu kommen. Jener Freude, die von ganz allein kommt, die uns überrascht und die sogar ein beschwerliches Leben noch zu vergolden vermag. *Sie ist eine anhängliche Gefährtin des Sinns.* Wo immer sinnorientiertes Leben stattfindet, ist die Freude häufig zu Gast. Personen, die einen tiefen Sinn in ihren Tätigkeiten sehen, erfreuen sich an ihrem täglichen Tun. Personen, die sich mit Hingabe für ihre Familie engagieren, erfreuen sich am Gedeihen ihrer Lieben. Personen, die mit Leidenschaft wandern, basteln, singen, Hunde abrichten, ein Fotoalbum gestalten, Gedichte schreiben und Ähnliches, freuen sich an ihren Kontakten mit der Natur bzw. der Kultur. Personen, die sich beherzt im Sozialbereich einsetzen, freuen sich über jeden Minierfolg, den sie verbuchen können. Personen, die ein Leiden, einen Verlust oder eine Krankheit mit Würde tragen, erfreuen sich noch an so manchen Kleinigkei-

ten. All diese Personen rutschen nicht in die Freudlosigkeit ab, und zwar auch dann nicht, wenn sie umdis-
ponieren müssen. Wer es versteht, sich am jeweiligen
Sinn der aktuellen Situation zu orientieren, kann das
sogar in prekären Lebenslagen. Er braucht kein seeli-
sches oder physisches Doping, weil die „Trotzmacht
des Geistes" in ihm sprudelt, die, wie Frankl betont
hat, zu unserer spezifisch humanen Ausstattung gehört. Und wo die Grenzen des Trotzens erreicht sind,
kann der sinnorientierte Mensch immer noch eines:
sich die größte und erhabenste menschliche Leistung
abringen, die es gibt, indem er sich mit dem Unabänderlichen versöhnt. Nicht selten nähert sich auch ihm
dann die Freude auf leisen Sohlen …

Amerikanische Fachleute verschiedener Diszipli-
nen zerbrechen sich derzeit die Köpfe, wie dem di-
agnostizierten Gesundheitsnotstand gewehrt werden
könnte, und zwar in zweifacher Hinsicht: präventiv
und kurativ. Entsprechende Programme werden auch
in anderen Ländern dringend gesucht, denn bekannt-
lich kam den USA schon oft eine Vorreiterrolle zu, im
Guten wie im Schlechten. Was also hätte die Logotherapie programmatisch dazu anzubieten? Klar ist,
dass eine Besserung nur über das Zusammenwirken
multipler „Heilsfaktoren" zu erzielen wäre. Als ehemalige Frankl-Schülerin möchte ich den „logotherapeutischen Heilsfaktor" herausstreichen. *Er bestünde
darin, eine Kettenreaktion zwischen der Intensivierung der
persönlichen Sinnsuche und der erlebbaren Freude in Gang
zu setzen.*

In vielen Wissenschaftsberichten, die sich mit der US-amerikanischen Situation befassen, wird der Finger darauf gelegt, dass Menschen aller Altersklassen zu wenig Zukunftsperspektiven haben, arbeitslos sind oder sich total überarbeiten, kaum jemals Lob und Anerkennung einheimsen, oft keinen Halt in Familie und Gemeinde mehr haben sowie für ihre Krankheiten keine bezahlbare Behandlung und kein offenes Ohr finden. So bedauerlich dies alles sein mag – sie sind dennoch nicht bloß Opfer missratener Systeme! Sie sollten ermutigt werden, ihr Geschick in ihre eigenen Hände zu nehmen und täglich eine kurze Meditation abzuhalten. *Was ist sinnvoll zu tun? Und was ist sinnvoll zu unterlassen?* Ist es vielleicht sinnvoll, sich beharrlich und ausdauernd nach Arbeit umzusehen? Sich daneben weiterzubilden? Ist es vielleicht sinnvoll, sich bei der Arbeit in Selbstdisziplin einzuüben, um sich nicht zu verausgaben? Oder auch ohne bestätigendes Feedback von außen motiviert zu bleiben? Ist es vielleicht sinnvoll, auf einen einfachen, asketischen Lebensstil umzusatteln, um die eigene Fitness zu erhalten bzw. zurückzuerobern? Ist es vielleicht sinnvoll, die Beziehungen zu Verwandten und Bekannten auf eine neue Basis zu stellen? …

Wer in stiller und ehrlicher Zwiesprache mit sich selbst dem Sinn nachspürt, wird ganz gewiss fündig, und wer das Gefundene zu seinem Leitstern erkürt, geht mit gesteigerter *Bewusstheit* an die Herausforderungen seines Lebens heran. Sein Leben reichert sich mit Wertverwirklichungen an. Es wird kontinuierlich *lebenswerter*. Immer öfter kommt die Freude zu Besuch. Wer greift da noch zu Aufputschmitteln? Wer will sich da noch betäuben? Werte-Bewusstheit ist geradezu das Gegenteil vom Betäubungswunsch.

Freilich ist der Einwand berechtigt, dass manche Personen bereits in zu instabilem Zustand sind, um zum Abenteuer der Sinnsuche aufzubrechen. Manche haben niemals Anregungen oder Modelle in dieser Hinsicht erlebt, sind ihrer innersten Gewissensstimme entfremdet oder auf krumme Pfade verführt worden, auf denen sie sich wie in Labyrinthen verstrickt haben. Ihr urtümlicher „Wille zum Sinn" ist verschüttet. Ihre Freiheit ist beschnitten. Aber ihre zutiefst menschliche Geistigkeit haben sie nicht verloren, können sie nicht verlieren; diese ist ihnen „qua Menschsein" verbürgt. Deshalb gibt es ohne Einschränkung Hoffnung für sie. Sie brauchen kompetente und behutsame Hilfe, logotherapeutische Hilfe, würde ich sagen. Sie brauchen einen Begleiter, der sie mitten im Labyrinth abholt und davon überzeugt, dass es Auswege gibt. Der mit ihnen neue Pfade ausprobiert, ihre Freiräume öffnet, ihnen Visionen entlockt und insgesamt ihre Lust auf das Abenteuer „Sinnsuche" wieder entfacht. Der sie jedoch auch stetig mahnt und stützt, notwendig Schmerzvolles auszuhalten um jener sinnvollen Ziele willen, die sie sich setzen möchten und die nicht ohne Verzichte zu erreichen sind. Antworten auf die Sinnfrage sind nicht durchgehend angenehm, wie wir bereits wissen. Trotzdem sind sie es *wert*, befolgt zu werden, weil sie letztlich Leid reduzieren und Freude schaffen – für Mensch und Welt.

So viel zum präventiven Aspekt. Zum kurativen Aspekt bedarf es einer fachlichen Ergänzung. Der Gesundheitsnotstand, der in den USA ausgerufen worden ist, hat sich deswegen so zugespitzt, weil die Einnahme von Drogen und nervenbeeinflussenden Medikamenten einen massiven Eingriff ins Gehirn darstellt. Das Gehirn ist das (unglaublich fähige und präzise) Werkzeug des menschlichen Geistes. Erst im gegenwärtigen Jahrhundert ist die Neurobiologie fortgeschritten genug, um uns ermessen zu lassen, wie sehr unser personales Ich, *das wir sind*, von der Tauglichkeit unseres Gehirns, *das wir haben*, abhängig ist, ohne deswegen damit identisch zu sein. Frankl pflegte diesbezüglich anzumerken, dass auch das Licht, das wir in einem Zimmer andrehen, von einer tauglichen Lampe abhängig ist, ohne deshalb dasselbe zu sein. Das heißt: Ähnlich, wie im Zimmer kein Licht erscheint, wenn die Lampe kaputt ist (ohne dass deswegen das Licht kaputt wäre!), erscheinen auch keine geistigen Phänomene, wenn unser Gehirn stark geschädigt ist. Das aber ist genau die Verwüstung, die Drogen hinterlassen: geschädigte Gehirne. Und weil alles Fragen und Fahnden nach Sinn und alles Erfassen und Realisieren von Sinn geistige Phänomene sind, tauchen sie in geschädigten Gehirnen (fast) nicht mehr auf. *Die Kettenreaktion zwischen der Intensivierung der persönlichen Sinnsuche und der erlebbaren Freude ist nicht mehr in Gang zu setzen.*

Das ist der Grund, warum einer logotherapeutischen Behandlung von Drogensüchtigen *ein länger andauernder klinischer Entzug vorgeschoben werden muss*. Zweifellos zählt es zu den vorrangigen Aufgaben der heutigen Medizin, Gehirnschäden zu gut wie möglich zu reparieren oder auszugleichen. Das mag kostenaufwendig sein, wird sich aber – auch mit Blick auf unsere gestiegene Lebenserwartung – enorm lohnen. Denn wie man im finsteren Zimmer nicht produktiv tätig sein kann, so kann analog auch der menschliche Geist mit stumpfen und desolaten Werkzeugen wenig anfangen.

Angesichts von Tausenden Kranken, die zu „umnebelt" sind, um sinnvolles Leben eigenständig gestalten zu können, verschiebt sich die Sinnfrage auf andere Adressaten. Ist es sinnvoll, ein flächendeckendes Netz an therapeutischen Zentren aufzubauen, in denen drogensüchtige (und auch psychotisch kranke) Personen eine erstklassige Behandlung erhalten, die *die Werkzeuge ihres Geistes schärft* und es ihnen gestattet, ihre geistige Freiheit und ihren „Willen zum Sinn" wiederzuerlangen? Tausendmal Ja! Zu dieser sinnvollen Aufgabe gibt es keine sinnvolle Alternative. Es fehlen die finanziellen Mittel dafür? Mit dem Sinn kann man nicht feilschen, und fadenscheinige Ausreden prallen an ihm ab. Für wie viele Rüstungsausgaben sind finanzielle Mittel vorhanden, für wie viel überflüssigen Polit- und Industrieklamauk fließen Gelder … In einem Land wie den USA, das sich weltweit seiner Führungsrolle und Fortschrittlichkeit brüstet, müsste es doch die Möglichkeit geben, das tausendfache Ja zu dieser gesellschaftlichen Aufgabe lauthals zu sprechen und den Drogenkranken nachhaltig zu helfen.

Aber vielleicht steht etwas Abgründigeres als Geldmangel im Weg? Nicht nur auf Taten, auch auf die Gesinnung kommt es an ... Könnte es Menschenverachtung sein? Könnte die Idee umgehen, dass die Junkies an ihrem Dilemma selber schuld sind und nicht verdienen, auf Kosten des Staates „saniert" zu werden? Es stimmt, ein Schuldanteil liegt bei ihnen. Wie groß dieser im individuellen Fall ist, kann zwar niemand abschätzen, aber ganz ohne eigene Fehlentscheidungen starten Drogenkarrieren (oder Alkoholkarrieren) nicht. Haben sie allerdings einmal gestartet, entwickeln sie eine Dynamik, der sich die Betreffenden kaum mehr entwinden können. Sie sind wie in einer Falle gefangen, und je mehr sie sich aus der Freudlosigkeit ihres sinnentleerten Lebens mittels Tropfen und Pülverchen losstrampeln wollen, desto heftiger schnappt die Falle zu. Es ist eine völlige Fehlbeurteilung, diese Menschen zu verachten! Sie sind genauso wertvoll wie wir alle, und man darf volles Mitgefühl mit ihnen empfinden. Sie zählen zu den psychisch und physisch Ärmsten unter den Armen, sie sind verzweifelt – so verzweifelt, dass sie es nicht mehr aushalten, ihre existenzielle Verzweiflung zu spüren, und sich voll zudröhnen ... – bis endlich alle Verzweiflung verstummt ist, weil ihr beeinträchtigtes Gehirn keine geistigen Signale aus ihrem innersten Personenkern mehr transportiert.

Was aber den eigenen Schuldanteil betrifft, so frage ich: Wer wirft „den ersten Stein"? Wer ist frei von Fehlentscheidungen, die er selbst einmal getroffen hat? Der amerikanische Normalbürger ist es ebenso wenig wie sein Präsident. Wer dürfte sich also anmaßen, kranke Menschen im Stich zu lassen, weil sie einst gefehlt haben? Niemand!, sagt eine leise innere Stimme, wenn wir in unsere intimsten Seelengefilde hineinlauschen.

Auf sie sollten wir hören. Der Gesundheitsnotstand in den USA ist nur *eine* Facette der tragischen Auswüchse, die sich ankündigen, wo immer der Sinnfrage kollektiv zu wenig Aufmerksamkeit geschenkt wird. Im Zeitalter der digitalen Überschwemmung mit Informationen wird sich früher oder später erweisen, was Frankl längst prophezeit hat, nämlich dass *nur eine einzige Information* die Priorität und Superiorität besitzt, unsere menschliche Evolution (entgegen den Befürchtungen vieler Zeitgenossen) prosperierend voranzutreiben, und das ist die jeweilige Information, die uns unser „Sinn-Organ Gewissen" zuflüstert.

Es wäre besser, es würde sich „früher" als „später" erweisen.

# Schlussfolgerungen
# für den Einzelnen

Ich habe erwähnt, dass ein Nachlesen bei Frankl vorteilhaft wäre und den Leserinnen und Lesern manche Irrwege ersparen würde. Aber ich weiß: Frankls fachlich anspruchsvollen Texte lesen sich nicht so flüssig, wie es Laien gerne hätten. Selbst die (mittlerweile an SMS-kurze Informationshäppchen gewöhnte) Schicht fachlich versierter Leute stolpert mitunter über längere Passagen intellektueller Gedankenakrobatik in Frankls Abhandlungen. Deshalb habe ich mir vorgenommen, seine wichtigsten Thesen ins Allgemeinverständliche zu „übersetzen"; und auch das vorliegende Buch ist als eine solche Übersetzungsstütze gedacht.

Was also bedeutet es im konkreten Alltagsgeschehen, sich die Sinnfrage zu stellen und sie auf dem Hintergrund der jeweils vorzufindenden Gegebenheiten zu beantworten? Nehmen wir eine gelungene logotherapeutische Intervention unter die Lupe, die von einer meiner Schülerinnen stammt.

Es handelte sich um eine 62-jährige verwitwete Bekannte meiner Schülerin. Diese Bekannte klagte über Müdigkeit, Unlust, Missmut, Schwäche, Verdrießlichkeit. Sie war gerade aus ihrem Sommerhäuschen in ihre Winterwohnung zurück übersiedelt, in der sie es in der kalten Jahreszeit behaglich warm und bequem hat. Aber „warm und bequem" heiterte sie nicht auf, weshalb sie schon überlegte, sich wegen ihrer schlechten Stimmung an ihren Hausarzt zu wenden. Allerdings erhoffte sie sich von dessen Rezeptverschreibungen nicht allzu viel.

Meine Schülerin schlug vor, es zunächst mit gemeinsamen Gesprächen zu versuchen. Sie fragte die Dame, ob ähnliche Zustände auch in deren Sommerhäuschen auftreten würden. „Nie", versicherte die Dame, „dort geht es mir gut!" Was sei dann der Unterschied zwischen den beiden Quartieren, forschte meine Schülerin weiter. Die Dame war sich nicht auf Anhieb darüber klar, aber die Frage hob ihre Bewusstheit an. Ja doch, es gab einen Unterschied. Das Sommerhäuschen lag in einem Garten, den zu betreuen der Dame Vergnügen bereitete. Sie bepflanzte Hochbeete mit Blumen in aparten Farbkombinationen und tüftelte die Blütezeiten ihrer Blumen exakt so aus, dass stets zwei bis drei Sorten in ähnlichen Schattierungen am Blühen waren. Meine Schülerin beobachtete die strahlende Miene ihrer Bekannten während dieser Schilderung und registrierte erleichtert, dass offenbar keine krankhafte Depression vorlag. Depressiv Kranke empfinden kaum etwas als positiv, auch rückwirkend nicht.

„Gibt es sonst noch einen Unterschied zwischen Ihrem Sommer- und Ihrem Winterwohnsitz?", fragte meine Schülerin nach. Tatsächlich fiel der Dame Weiteres ein. Sie pflegte im Sommer ihre Nachmittage häufig mit der kleinen Tochter der Nachbarin zu verbringen. Diese Nachbarin stand ständig unter Zeitdruck und konnte sich um ihren Spätankömmling nicht genügend kümmern. Gerade in den Sommerferien aber hatte das Kind viel Freizeit und langweilte sich. Deshalb nahm die Dame die Kleine stundenweise zu sich. Sie bereitete mit ihr Salate zu und mischte frische Kräuter aus dem Garten darunter. Sie kochte mit ihr Himbeeren und Brombeeren, die das Kind von den Sträuchern pflücken durfte, zu süßen Marmeladen ein. Manchmal begleitete sie das Mädchen zum Zweige- und Fichtenzapfen-Sammeln in den Wald. Dann gab es abends ein knisterndes Feuerchen mit Spießen und schmackhaften Leckerbissen darüber, zu dem auch die Mutter des Mädchens eingeladen war.

Meine Schülerin zog Resümee. Im Sommerhäuschen wusste die Dame sich sinnvoll zu beschäftigen, betreute Garten und Nachbarskind. Dies fiel in den Wintermonaten weg. Eine Sinnkrise und Sinnleere breiteten sich dann im Leben der Dame aus. Es waren keine organischen Gründe, die sie deprimiert sein ließen, und es waren auch nicht das Blätterfallen oder die Nebelgeschwader, die im Herbst die Psyche mancher Menschen mit Melancholie umgarnen. Es war ein *geistiges Vakuum*, das sich unangenehm meldete und nach Auffüllung rief. Deshalb galt es Ausschau zu halten nach den je eigenen Möglichkeiten der Dame, dieses Vakuum sinnvoll aufzufüllen. „Sie haben mir erzählt, dass Sie Blumen züchten, kochen, einkochen und mit kleinen Kindern prima umgehen können ...; erzählen Sie mir über alles, was Sie sonst noch gut können!", verlangte meine Schülerin. „Worin liegen Ihre Stärken? Was sind Ihre besten Fähigkeiten und Kenntnisse?"

Wiederum ging es darum, Bewusstheit anzuheben. Die Dame zögerte. „Ich hab' nichts Besonderes gelernt", wich sie aus, doch meine Schülerin erklärte, dass während 62 Lebensjahren eine Menge an Erfahrungen und Übungen zusammenkämen und sich zu bestimmten Kompetenzen verdichtet haben mussten. Da erinnerte sich die Dame an eine solche Kompetenz. „Ich kann gut handarbeiten, vor allem stricken", sagte sie. „Das habe ich schon in meiner Jugend gerne gemacht. Nur hat es keinen Sinn, jetzt in der Wintersaison mit Strickereien anzufangen, weil ich schon genügend Strickjacken, Socken etc. habe und keine mehr brauche. Auch die Leute, die ich kenne, haben reichlich ,Gewand'." Meine Schülerin lachte. „Sie wissen sehr gut, *was keinen* Sinn hat. Wir bräuchten also nur noch zu wissen *was* Sinn hat, nicht wahr?" Ihre Bekannte nickte. Danach waren sie und meine Schülerin fleißig mit Nachdenken und dem Sondieren von Plänen beschäftigt.

Um die Fallgeschichte auf den Punkt zu bringen, will ich verraten, was das Ergebnis der gemeinsamen Sinnsuche war. In der Nähe der Wohnung der Dame gab es ein Unfallkrankenhaus. Hin und wieder war der Dame bereits aufgefallen, dass verunfallte und operierte Personen mit Gipsverbänden aus diesem Krankenhaus herauskamen. Diese Personen hatten z. B. zwei dick einbandagierte Finger oder einen mit Tüchern fixierten Ellbogen oder einen umwundenen Fuß mit nackten Zehen in Spezialsandaletten. Die Dame fühlte großes Mitleid mit ihnen, weil es in der kalten Jahreszeit enorm schwierig war, sich mit solch unförmigen Verbänden warm einzuhüllen. Kein Handschuh, kein Stiefel passte, in keinen Mantelärmel konnte hineingeschlüpft werden. Da stand somit auf der einen Seite ihr Mitgefühl mit den Kranken, und auf der anderen Seite stand ihre Strickkunst – und dazwischen schaukelte, um es bildlich zu sagen, der Sinn und raunte und wisperte ... und plötzlich, mitten im Gespräch mit meiner Schülerin, hörte sie ihn. „Freilich", rief sie aus. „Ich könnte für solche Personen Sonderanfertigungen von Handschuhen, Socken, Ärmeln und Schulterwärmern stricken; das wäre überhaupt kein Problem für mich. Ich müsste nur vorher genau Maß nehmen und mir aufzeichnen, wo Gummieinzüge notwendig sind, damit die Wollsachen fest halten und trotzdem leicht über- und abgestreift werden können." Ihre Augen begannen vor Begeisterung zu glänzen. „Ich kenne eine Oberschwester im Krankenhaus, mit der werde ich gleich morgen einen Termin vereinbaren und ihr meine Idee vortragen. Die wird staunen! Zumal ich meine Dienste ehrenamtlich anbieten kann und mir nur die Kosten für die Wolle ersetzen lassen würde. Auch habe ich noch viele Wollreste zu Hause. Aber die Farben – na, die müssten mit den Jacken, Mänteln und Hosen der verunfallten Patienten harmonieren, gerade so, wie meine Sommerblumen in den Hochbeeten zusammenpassen …"

Eine einzige logotherapeutische Intervention meiner Schülerin hatte genügt, um ihre Bekannte nachhaltig aus Lustlosigkeit und Missmut herauszureißen! Den Winter lang traten keine Anzeichen von Schwäche oder Müdigkeit bei der Dame mehr auf, im Gegenteil, sie verbrachte eine überaus aktive Zeit. So aktiv, dass ihr die Station des Krankenhauses, deren Leitung jene Oberschwester innehatte, im Namen zahlreicher dankbarer Patienten zu Weihnachten einen Korb voll ausgewählter Delikatessen in ihre Winterwohnung schickte.

Haben wir nicht bei Frankl gelernt, dass die Freude eine anhängliche Gefährtin des Sinns ist? Nun, da hat sich die Freude eben aufgemacht, eine 62-jährige alleinstehende Frau am Heiligen Abend zu besuchen … Ob sie auch zu ihr gekommen wäre, wenn diese Frau ihren Hausarzt konsultiert hätten, der sie (vermutlich) mit Antidepressiva „abgespeist" hätte?

Das Beispiel illustriert auf leicht verständliche Weise, was Frankl in seinen medizinischen Werken in unzähligen Facetten erarbeitet hat, nämlich dass sich der Mensch Aufgaben wünscht, die a) seinen Talenten entsprechen und b) etwas Konstruktives bewirken. Entzieht man Menschen solche Aufgaben oder trägt man Aufgaben an sie heran, für die ihre Talente nicht ausreichen, programmiert man Krisenstimmungen bei ihnen vor. Wobei das „man" auch die Person selbst sein kann, die sich unter- oder überfordert. Fällt der konstruktive Faktor weg, ballen sich ebenfalls Krisen zusammen. Die vorhin genannte Dame hat dies brillant erkannt, als sie sich weigerte, Bekleidungsstücke zu stricken, die jedermann in ihrem Freundeskreis sowieso schon besaß. Ihr Talent wäre zwar groß genug dafür gewesen, aber die Konstruktivität ihres Handelns wäre nicht gegeben gewesen. *Konstruktiv – und damit sinnvoll – ist, was ein winziges Teilchen unserer Welt positiv und heilsam verändert.* Erst als dieses gefunden war, nämlich der Bedarf von beeinträchtigten Kranken an speziellen Warmhaltestrickwaren, stimmten Talent und Aufgabensetzung zusammen, und die Krise der Dame schwand.

Im Folgenden möchte ich unterschiedliche Facetten aus dem Franklschen Schrifttum herausgreifen. Die Sinnthematik zeigt sich in wechselnden Lebensphasen und im Zufallsspiel der Schicksale von verschiedenen Seiten. Die Jugendlichen von heute navigieren mit vorpreschendem Elan durch eine revolutionär aufregende Zeitepoche, die mit Fallstricken gepflastert ist. Die „Mittelalterlichen" von heute strampeln sich ausbrennend ab und wissen oft gar nicht, wofür. Die Altgewordenen von heute haben Mühe mit dem Begreifen, sei es wegen des atemberaubenden Wandels ringsum, sei es wegen allmählich versagender Gehirnzellen. Gefährliche Konflikte zündeln in allen Gegenden und Gemeinschaften. Noch nie waren ethische und philosophische „Haltegriffe" nötiger als jetzt. Einige besonders hilfreiche „Haltegriffe aus der Logotherapie" seien in den nachstehenden Kapiteln dargestellt. Wer sich darauf einlässt, sie zu benützen, wird (so hoffe ich) an Bewusstheit gewinnen, dass sein Leben eine immense Chance ist, nämlich seine ganz persönliche Chance, mit Hilfe seiner Talente und Fähigkeiten einen konstruktiven „Schöpfungsbeitrag" zu leisten. Jeder hat diese Chance, ohne Ansehen der Person. Unter *seinen* Bedingungen. In *seiner* Zeit. Trotz *seiner* Kümmernisse. Egal, unter welchen Schicksalsfügungen.

Und das ist noch nicht alles. Es ist gleichzeitig die Chance auf immer wiederkehrende Freude, und Freude fühlt sich gut an, obwohl sie viel mehr als ein Gefühl ist. Sie ist das frohe und sichere Wissen, „dass es gut ist, dass es einen gibt", und „dass man, wäre man nicht da, der Welt fehlen würde". Sämtliche Lasten, die wir durch unser Leben schleppen mögen, lohnen sich, wenn im Laufe unseres irdischen Weges *dieses* Wissen in uns einsickert.

# TEIL II

## Lebenssinn und Lebensziele

Ab der Pubertät, dem Zeitpunkt, da das personale Ich des Menschen seine eigene Steuerung übernimmt, macht sich jeder von uns Lebensentwürfe und Lebenspläne. Diese Entwürfe werden in einem dynamischen Prozess regelmäßig variiert, mit Idealen durchtränkt, den Umständen angepasst, von Hoffnungen hochgezogen und auf begrabenen Träumen neu errichtet. Trotz diesem wogenden Auf und Ab zeichnet sich hauchzart eine konstante Linie darin ab, gleichsam ein „roter Faden", dem alles folgt. In der Individualpsychologie Alfred Adlers spricht man von der „Finalität" menschlicher Strebungen, in der Transaktionsanalyse Eric Bernes vom je persönlichen Lebensskript.

Solche Lebensentwürfe und Lebenspläne verraten genauso etwas über die Person, die sie konstruiert, wie ihre bereits abgelaufene Lebensvergangenheit etwas über sie verrät. Was einer beabsichtigt zu tun und was einer später tatsächlich getan hat, klafft zwar häufig auseinander, offenbart aber dennoch Charakteristisches über den Betreffenden; ja, die Diskrepanz zwischen dem Geplanten und dem Vollzogenen, sollte eine solche bestehen, offenbart noch dazu Personentypisches. Manche Menschen greifen ununterbrochen nach den Sternen, besitzen aber keine Leiter, um hinaufzuklettern, wie der Volksmund es spöttisch formuliert. Andere Menschen wandeln gesenkten Blickes durch ihre Lebenslandschaft und begnügen sich ambitionslos mit den Kieselsteinen, über die sie zufällig stolpern. Demnach können wir in der Psychologie nicht nur aus den durchlebten und durchlaufenen Entwicklungsstadien eines Menschen Schlüsse ziehen, sondern wir können auch seine mehr oder weniger vagen Zukunftsvorstellungen durchforsten, um zu verstehen, *wer er ist.*

Natürlich haben Vergangenheit und Zukunft des Menschen, oder exakter formuliert: stattgefundene Vergangenheit und vorweggenommene Zukunft einen unterschiedlichen Gewissheitsgrad. Das Vergangene ist gewiss, es ist bereits zur Gewissheit geworden. Nichts darin kann mehr korrigiert oder ausgetauscht werden. Alles war, wie es war, ob wir davon wissen oder nicht, und so wie es war, wird es für alle Zeiten auch bleiben. Das Zukünftige hingegen ist noch ungewiss. Hier sind Korrekturen möglich, hier können Zielelemente ausgetauscht werden, nichts muss sein, wie wir glauben, dass es sein wird.

Alles kann noch ganz anders kommen, ob gewünscht bzw. geplant oder nicht. Wollte man die Lebensvergangenheit eines Menschen mit vollgeschriebenen Tagebuchseiten vergleichen, in denen keine Radierungen oder Streichungen mehr gestattet sind, dann müsste man die zukunftsbezogenen Visionen eines Menschen mit einem Aufsatzkonzept vergleichen, für das eine unbekannte Anzahl reiner, blütenweißer Blätter zur Verfügung steht, allerdings mit der Auflage, dass die darein schreibende Feder nicht nur von unserer Hand allein geführt wird. Das „Schicksal" mischt dabei fleißig mit.

Wenden wir uns an dieser Stelle dem Begriff des *Lebenssinns* zu, wie ihn Frankl definiert hat. Ich zitiere: „… das Leben jedes Menschen [hat] ein einzigartiges Ziel …, zu dem ein einmaliger Weg führt. Auf ihm gleicht der Mensch dem Flieger, der bei Nacht und Nebel im Blindflug in den Flughafen ‚gelotst' wird. Der vorgezeichnete Weg allein führt den Piloten zu seinem Ziel. So hat aber auch jeder Mensch in allen Lebenslagen einen jeweils einmaligen und einzigartigen Weg vorgezeichnet, auf dem er zur Verwirklichung der eigensten Möglichkeiten gelangen kann."[1]

Im obigen Text ist keineswegs von einer kismetartigen Vorherbestimmung die Rede, denn auch ein Pilot muss dem unsichtbaren Gleitpfad, der ihn sicher zur Landepiste lotst, nicht widerspruchslos folgen. Er kann fliegen, wohin er will, ja, er ist sogar frei, die Mo-

---

1  Viktor E. Frankl, „Ärztliche Seelsorge", Deuticke, Wien, 10. Auflage 1982, S. 69.

toren abzuschalten und sich dem Sturzflug zu überlassen, wie es die Freiheit aller Selbstmörder ist. Doch wenn der Pilot dorthin gelangen will, wohin er gelangen *soll*, dorthin, wohin Gewissen und Verantwortung weisen, dorthin, wo es für ihn und seine Passagiere am zuträglichsten ist, dann muss er sich in Freiheit dem vorgezeichneten Weg anvertrauen, denn dieser ist der sinnvollste Weg für ihn. Ebenso gibt es für jeden Menschen einen sinnvollen Weg, ausgeschildert mit einzigartigen Aufgaben, die er und nur er allein erfüllen kann. Es liegt für jeden etwas Bestimmtes bereit, das Seines werden kann, es ist jedem etwas zugedacht in dieser Welt, in die er niemals eingetreten wäre, wäre er in ihr nicht urwillkommen. Wie auf jedes Flugzeug, wo immer es aufsteigt, ein bergender Grund wartet und auf jeden Passagier selbiger Maschine ein lieber Freund oder ein persönlicher Auftrag am Zielflughafen, so wartet auf jeden Erdenbürger jemand oder etwas, eine Liebe oder ein Werk, die ihn in ein glückendes Dasein hineinlotsen, wenn er sich ihnen überlässt und willig an sie hingibt.

Wir sehen: Die Lebens*ziele* steckt sich der Mensch selbst, und welche er sich wie steckt, hängt mit seiner seelischen Disposition und seiner Charakterstruktur zusammen; aber der Lebens*sinn* fällt von „außen" in sein Leben ein, ist Aufgegebenes, Vorgezeichnetes, Zugesprochenes, ist der zur höchsten Verwirklichung einer einmaligen und unwiderruflichen personalen Existenz geleiten wollende „Leitstrahl" der Transzendenz.

Wenn wir uns diesem Verständnis von Lebenssinn anschließen, erkennen wir alsbald, dass sich daraus eine seltsam beruhigende Folgerung ergibt. Überlegen wir: Wäre ein Gleitpfad in der Fliegerei denkbar, der einen Jumbo-Jet zu einem Miniflughafen lotsen würde, der viel zu kurze Landepisten hätte? Das wäre ganz und gar abwegig: Es wäre völlig sinnlos, zum falschen Flughafen zu lotsen. In gleicher Weise kann es kein uns Zugedachtes geben, für das wir nicht die erforderliche Zeit und Kraft sowie die nötigen Talente besitzen. Wenn wirklich ein Lebenssinn auf uns wartet, muss alles, was wir zu dessen Erfüllung brauchen, potenziell in unserer Wiege liegen, von Anfang an. Und wenn auf jeden ein anderer, ganz besonders auf ihn zugeschnittener Lebenssinn wartet, dann muss in jeder Wiege Unterschiedliches bereitliegen, ein unterschiedliches Kontingent an Fähigkeiten, Gelegenheiten, an Gesundheit und Lebenskapazität. Das Flugzeug, dessen Zielflughafen hoch oben in den Bergen ist, braucht eine Enteisungsanlage usf. All dies muss beim Start schon einkalkuliert sein, sonst wird es zum Start gar nicht zugelassen; und auch unser Start ins Leben kann nicht zugelassen sein mit einem vorgezeichneten Weg, den wir nicht zu gehen vermöchten, es sei denn, wir würden ein zynisch-sadistisches „Gottesbild" postulieren, von dem ich hier nicht ausgehe.

In der psychotherapeutischen Praxis kann es gelingen, dass Patienten, die diese Sichtweise adoptieren, in Bezug auf ihre Vorhaben erstaunlich ruhig und gelassen werden. Eine Lehrerin, die ich einst in Bera-

tung hatte, fuhr zu einer wichtigen Schulleiter-
konferenz und dachte sich dabei: „Wenn *ich* es bin, die
dort für die Anliegen unserer Schule eintreten *soll*,
dann wird mir – bei entsprechender Vorbereitung –
auch die Energie und die Geschicklichkeit zufließen,
diese Anliegen zu vertreten. Und sollte sich keine
Energie oder Geschicklichkeit bei mir einstellen, dann
ist diese Aufgabe nicht *meine* Aufgabe, ist nicht mir,
sondern jemand anderem zugedacht, und ich will gerne von ihr zurücktreten. Schließlich möchten andere
Leute auch für etwas gut sein." Dieselbe Lehrerin hätte sich ein halbes Jahr zuvor noch maßlos gefürchtet,
einerseits an der Konferenz überhaupt teilzunehmen,
andererseits während der Konferenz einen Lapsus zu
begehen. Ein weiteres Beispiel ist eine chronisch kranke Patientin von mir, die lange Zeit gezögert hatte, eine sozialpädagogische Ausbildung zu beginnen. Immer hatte ihr die Frage: „Zahlt sich das für mich
überhaupt noch aus?" dazwischengefunkt. Nach unseren Gesprächen entschloss sie sich jedoch, sofort mit
der Ausbildung anzufangen und keinen Gedanken
mehr darauf zu verschwenden, ob sie noch lange genug leben werde, um sozialpädagogisch tätig zu werden. Sie hatte begriffen: Wenn es der für sie bereitlie-
gende Lebenssinn war, solcherart zu wirken, würden
auch Stunden und Tage für ihre sozialpädagogische
Tätigkeit bereitliegen; es könnte gar nicht anders sein.
Sollten hingegen die nötigen Stunden und Tage am
Ende fehlen, würde eben kein sozialpädagogischer
Wirkungsbereich auf sie warten, und der vorgezeich-

nete Weg hätte in einer interessanten Ausbildung und in der Freude daran seinen Sinn und seine Erfüllung gefunden.

Um sich zu einer solchen inneren Ruhe und Gelassenheit aufzuschwingen, ist es allerdings notwendig, insbesondere zwei Aspekte der dargelegten Sichtweise zu beherzigen:

1. Auch wenn man sicher sein kann, dass man über die Potenz verfügt, den einem vorgezeichneten Weg zu gehen, darf man nicht dem Irrtum verfallen, es gehe sich ohne Mühe und eigenes Zutun. Der Lebenssinn ist diskret, er kann dem suchenden Auge lange verborgen bleiben, und er fällt niemandem in den Schoß; er muss nicht nur gesucht, sondern auch erobert werden. Das heißt, nur wenn man das Seinige erbringt, das Seinige an Aufwand, Engagement, Übung und Ausdauer, nur dann wird sich das einem Zugedachte einmal verwirklichen. Ohne eigenes Zutun bleibt es reine Potenz – ein guter Weg, der gangbar gewesen wäre ...

2. Das in einem Leben *nicht* als Potenz Vorhandene ist nicht das Eigene – diese bittere Wahrheit muss akzeptiert werden. Wie bitter sie ist, hängt von der jeweiligen Einstellung eines Menschen ab. Mancher protestiert vor gesperrten Wegen, aber wer weiß, wie beschwerlich oder steil jene Wege in Wahrheit wären? Zeigen sich doch auch die Autofahrer im Winter enttäuscht, wenn Alpenpässe gesperrt sind und sie umkehren müssen, und geschieht doch auch dies einzig

zu ihrem Schutz! Ähnlich könnte die eine oder andere Lebensaufgabe für einen Menschen zu schwer sein – und sie ist ihm daher nicht zugedacht. Betrachten wir es deswegen eher als Erleichterung, dass unsere Tage und Kräfte begrenzt sind, anderenfalls gäbe es allzu viel in der Welt, um das wir uns bekümmern und sorgen müssten.

Kehren wir zur psychologischen Fragestellung nach geeigneten Lebenszielen zurück. Wir sagten: Lebensziele sind selbstgesetzt und selbstgewählt, sie tragen die individuelle Handschrift ihres Konstrukteurs und sie werden, auch wenn sie bloß vage sind und in Abständen revidiert werden müssen, mit relativ hoher Konstanz entworfen. Das *Muster*, nach dem ein Mensch seine Lebenspläne schmiedet, wechselt seltener als diese seine Lebenspläne selbst. Ferner haben wir die banale Tatsache erwähnt, dass alle Lebensziele und Lebenspläne als Teil der Zukunft ungewiss sind. Sie sind Konzepte für noch unbeschriebene Tagebuchseiten, deren Inhalt nicht allein in unserer Macht steht. Versuchen wir jetzt, eine Brücke zu bauen zwischen dem Lebens*sinn* als dem „Leitstrahl" der Transzendenz, der unser Leben unsichtbar und doch merklich durchzieht, und unseren persönlichen Lebens*zielen*, die in Willensakten und Zukunftsbildern sichtbar werden, uns aber auch verlustig gehen können. Die Brücke besteht in der Einsicht, dass unsere Lebensziele mit umso höherer Gewissheit erreichbar sind, je näher sie an den für uns von Anfang an bereit liegenden Lebenssinn herankommen, je „identischer" sie sozusagen mit ihm sind. Die Kurzformel dafür lautet:

*Je sinnvoller ein Lebensentwurf,*
*desto wahrscheinlicher seine Vollendung.*

Was sind die argumentativen „Brückenpfeiler", die diese Brücke tragen? Ganz einfach: Da uns alle inneren Verwirklichungsfähigkeiten und äußeren Verwirklichungsmöglichkeiten in die Wiege gelegt sind, um dasjenige, was auf uns wartet, zu erfüllen, sind wir optimal ausgestattet zur Anpeilung von Zielen, die sich im Rahmen des auf uns Wartenden bewegen, wohingegen wir zunehmend dürftig ausgestattet sind zur Anpeilung von Zielen, die sich aus diesem Rahmen fortbewegen. Freilich können wir uns Ziele setzen ohne Entsprechung zum einzigartigen Sinn unseres einmaligen Daseins, doch müssen wir bei einem derartigen Griff nach dem uns nicht Aufgegebenen damit rechnen, der Aufgabe letztlich nicht gewachsen zu sein. Der Pilot, der den auf seiner Strecke vorgesehenen Gleitpfad verlässt, um bei Nacht und Nebel einen abgelegenen Zielflughafen seiner Wahl anzusteuern, erhöht die Ungewissheit seiner sicheren Landung.

Ein Beispiel aus meinem eigenen Leben möge dies erläutern. Ich wohnte, durch den Beruf meines Mannes bedingt, jahrelang im Ausland. Es ging uns dort gut, die örtliche Bevölkerung nahm uns freundlich auf, und es gelang uns eine zufriedenstellende Integration. Dennoch wollte ich eines Tages unbedingt in meine Heimat zurück. Ich schaute mich zu Hause nach einem Arbeitsplatz um, aber alle Türen waren verschlossen. Ich kontaktierte ehemalige Freunde und Bekannte, doch sie wiesen mir die kalte Schulter. Im Ausland galt ich bereits als Kapazität auf meinem Fachgebiet, doch daheim wollte niemand etwas von mir wissen. „Wir brauchen Sie hier nicht", meinte ein Kollege kühl am Telefon, als ich bei ihm wegen einer möglichen Kooperation anfragte. Ich verstand das alles nicht und kränkte mich eine Weile. Schließlich eröffnete ich gemeinsam mit meinem Mann ein Wissenschaftsinstitut im Ausland, für das schon lange ein Bedarf bestand. Plötzlich rollte sich der „rote Teppich" vor mir aus: Alle behördlichen Genehmigungen fielen uns in den Schoß, ein von mir entwickeltes Fortbildungsprogramm lockte auf Anhieb Interessenten an, Ratsuchende strömten in die von uns eingerichtete psychotherapeutische Ambulanz, und Funk und Fernsehen wurden auf mein Tun aufmerksam. Gewiss, ich habe dieses Institut auf den Trümmern einer zerbrochenen Hoffnung aufgebaut, aber eben genau zur richtigen Zeit am richtigen Ort, dort, wo ich „gebraucht" wurde – und auch wenn es ein wenig schmerzlich gewesen ist, bin ich dabei heil gelandet, wohingegen ich in meiner geliebten Heimat zweifellos eine Bruchlandung fabriziert hätte. Der Sinn weist uns das Unsrige zu, und das Glück ist demjenigen hold, der dies spüren und dem Erspürten seine innere Zustimmung schenken kann.

# Junge Menschen
## „auf der Suche wonach?"

Wenn wir also unser Leben sinnvoll gestalten wollen, ist es nicht nur nötig, uns munter Ziele zu setzen und deren Erreichung energisch anzustreben, sondern auch bei der Auswahl jener Ziele Vorsicht und Feinfühligkeit walten zu lassen, um einigermaßen sicher zu sein, dass es wirklich *sinnvolle* Ziele sind, die im gegebenen Moment zu uns und unseren Ressourcen passen und der Welt rings um uns gut tun. Genau dies aber ist heutzutage in der modernen westlichen Gesellschaft kompliziert geworden. Wobei es nicht an Entfaltungsmöglichkeiten des Einzelnen mangelt, im Gegenteil. Möglichkeiten, etwas zu unternehmen, gibt es in Hülle und Fülle. Geld ist beim Durchschnittsbürger vorhanden, mit Angeboten jeglicher Art wird er regelrecht bombardiert, und ein sozialer Druck drängt ihn zusätzlich, möglichst alles zu ergreifen, was verspricht, seiner „Well-

ness" und seinem „Fun" zu dienen. Unternehmungs-
geist ist „in". Trotzdem sind die Hemmschuhe, in
denen der Durchschnittsbürger steckt, gewaltig, und
es ist nicht bloß die Qual der Wahl, die ihn bremst. Es
sind die technischen „Zeitfresser", die seine Tage via
Bildschirm verkürzen, es sind die bröckelnden Beziehungen, die ihn emotional schlauchen, und es sind
die Unsicherheiten eines zeitgenössischen Pansubjek-
tivismus, der keine geistig-seelische Orientierung
bietet, weil sich der Beliebigkeit immer nur äußere
Grenzen in den Weg stellen, aber niemals innerlich
gereifte Einsichten.

Im Anschluss möchte ich mich mit zwei umfassen-
den Personengruppen beschäftigen, die erfahrungs-
gemäß sehr damit kämpfen, aus irgendwelchen
Hemmschuhen auszusteigen. Es sind zum einen die
aufblühenden Heranwachsenden, die sich der „Vier-
telmarke" ihres Lebens nähern, und zum anderen die
spät blühenden und allmählich verblühenden Menschen, die sich der „Dreiviertelmarke" ihres Lebens
nähern. Warum gerade diese beiden Gruppen? Nun,
es handelt sich um Alterszeiträume, in denen man
von Natur aus elastisch und kreativ sein muss, weil
sich die Bedingungen um sich selbst und in sich selbst
deutlich verändern, und Anpassung allein nicht aus-
reicht, um zu tragfähigen Lebenskonzepten zu gelangen. Die jungen Menschen zwischen Kindheit und
etwa 25 Jahren basteln am größten und wichtigsten
Werk, das sie zu verrichten haben, nämlich an ihrer
eigenen Identität, und dies unter Hormonschub und

berstenden Muskelkräften, Ablösung von den Eltern, manch tränenreicher Verliebtheit und noch stark dem pubertären Versuch-und-Irrtum-Stadium verhaftet. Die älteren Menschen zwischen etwa 50 Jahren und beschaulichem Seniorendasein müssen wiederum ihr größtes und wichtigstes Werk glanzvoll überhöhen, ergänzen und abrunden, nämlich ihr Lebenswerk, auf das sie einmal mit frohem Stolz zurückblicken sollen, und dies unter nachlassender Hormonproduktion und schrumpfender Vitalität, sukzessivem Verlust von Eltern- und Berufsrolle, so manchem tränenreichen Abschied und teilweise schon in den Fängen der Torschlusspanik.

Da hat es die Gruppe vor und an der Lebensmitte leichter: Ihre Tage verlaufen im Allgemeinen in geordneten Bahnen. Das Pflichtenkorsett, in das diese Personen gepresst sind, gibt zwar wenig Variabilität, dafür aber Halt und Routine her. Identitäts- und Selbstwerdungsprozesse sind längst schon in Sinn- und Arbeitsfindungsprozesse eingemündet, die daraus resultierenden Ziele sind gesetzt, und der Turbo zu deren Erreichung dreht sich. Ob es auch die Gruppe der Hochbetagten, die sich ihrem Lebensende nähern, leichter hat, lässt sich nicht generell behaupten, sicher ist nur, dass sie die letzte Spanne ihrer irdischen Existenz mit einem Minimum an Flexibilität und Freiheit gestalten müssen, dafür aber mit einem Maximum an Frieden und Gelassenheit durchleben können (wenn sie das wollen); zumindest in der Bewusstheit ihrer eingefahrenen Lebensernte, was alle

Wehmut von den Stoppelfeldern der Vergänglichkeit abzieht, weil nichts, nicht einmal Gevatter Tod mit seiner scharfen Sense, mehr Zugriff zu jenen in der Wahrheit verewigten Erntespeichern mehr hat.

Beginnen wir also bei den *Jungen* und ihren Bemühungen, ihr Selbst und ihren Weg zu finden. Sie haben, wie man zu sagen pflegt, noch das ganze Leben vor sich, aber sind sie auch um das, was sie da vor sich haben, zu beneiden? Aus zahlreichen Gesprächen mit ihnen weiß ich, dass sie diesbezüglich durchaus ihre Zweifel hegen. Was haben sie denn vor sich? Lassen wir einmal mögliche drohende globale Katastrophen außer Acht und lenken wir unsere Aufmerksamkeit auf das Alltägliche. Was haben unsere Jugendlichen vor sich? Kurz und bündig ausgedrückt: eine Menge Unbekanntes. Was vor 100, 200 oder 500 Jahren die Zehnjährigen schon ziemlich genau abzuschätzen vermochten, ist heute den Zwanzigjährigen noch schleierhaft verborgen. Das Rad der Entwicklung dreht sich mit so ominöser Geschwindigkeit, dass nicht nur niemand mehr abschätzen kann, was ihm die nähere Zukunft bringen wird, sondern dass neuerdings die Wortschöpfung „Entschleunigung" bereits den Sehnsuchtshit Nummer 1 bildet. Die Menschen hinken den „Geistern, die sie riefen" keuchend hinterher.

Für die jungen Menschen müsste dies zwar eine vor Spannung vibrierende Epoche sein, nur sind sie leider mit künstlicher Hochspannung derart überfrachtet, dass sie am liebsten innerlich „abschalten". In ihrem Jargon sprechen sie vom gelegentlichen „Löschen der Festplatte", sei es mittels Betäubung mit schlagend-greller Musik, mit der sie sich zunehmend Konzentrationsstörungen und Tinnitusleiden einhandeln (was sie leider erst später bemerken), oder sei es gar mittels Drogen und Komatrinken, dessen Folgen (siehe USA) noch dramatischer sind. Dabei gesellt sich zu ihrer Sehnsucht nach „Entschleunigung" eine Sehnsucht nach verlässlichen Sicherheiten, die schlichtweg ungestillt bleibt. Denn es wächst eine Generation heran, die auf sich allein gestellt ist, weil sie auf nichts anderes mehr bauen kann: weder auf ein trautes Familienheim noch auf die Wertkonsistenz der Schule, weder auf aussichtsreiche Arbeitsplätze noch auf eine Politik der Vernunft, weder auf wirtschaftliche Stabilität noch auf eine funktionierende Umwelt. Es geht ihr materiell durchaus (noch) gut, aber die Seele nährt sich nicht vom Geld.

Liest man in alten Erzählungen, Sagen und Legenden nach und filtert man den Lebensstil vergangener Zeiten heraus, kommt einem vieles davon hart und brutal vor, insbesondere die frühe Heranziehung der Kinder zur Mitarbeit im elterlichen Haushalt und Gewerbe. Da mussten die Kleinsten schon hinaus aufs Feld, wenn Eile geboten war, und Schularbeiten waren der reine Luxus. Die Burschen lernten alsbald Brennholz zu hacken oder mit Pferd und Wagen umzugehen, und die Mädchen saßen fleißig am Spinnrad oder putzten Gemüse in der Küche. Kindheit und Freizeit kamen zu kurz ... – und doch gab es einen beachtlichen Pluspunkt: Die Kinder wurden konsequent auf ihr Leben vorbereitet, auf ein Leben, von dem sie weitgehend wussten, wie es aussehen würde, innerhalb welcher Limits es sich bewegen würde und welche Fähigkeiten sie dafür benötigen würden – Fähigkeiten, die von klein auf bei ihnen trainiert worden waren. Trotz der Härte des Überlebenskampfes existierte ein Schutzschild der Geborgenheit, unter dem dieser Kampf stattfand: Man kannte die Spielregeln und hatte gelernt, sich danach zu richten.

Demgegenüber steht heute eine Kindheit, die kaum mehr aufs Leben vorbereitet. Es gibt keine Pflicht zur tätigen Mithilfe, dafür einen (aus Warte der Kinder) kaum einzusehenden Schulleistungsdruck. Es gibt keine Vorplanung von Lebensläufen, dafür eine gnadenlose Arbeitsmarktsituation, in der jeder umherstolpern muss, um einen Platz zu ergattern und sich zu behaupten. Kein Wunder, dass die Lust aufs Erwachsenwerden unter den Jugendlichen mäßig ist, und dass Papas oder Mamas Brieftasche und das „Hotel" daheim gerne über die Volljährigkeitsgrenze hinaus in Anspruch genommen werden, wo dies möglich ist. Der natürliche Abenteuerdrang der Jugend wird in virtuellen Welten ausgelebt, doch angesichts der realen Welt herrschen Skepsis, Ängstlichkeit und sogar Resignation am Stimmungsbarometer der Gegenwart vor.

Vielleicht lässt sich für das wichtige Unterfangen der Sinnsuche dennoch Positives daraus gewinnen.

Von jeher hat das Unbekannte junge Menschen fasziniert und angelockt. Sie sind wie niemand sonst prädestiniert, neues Terrain zu erforschen; und das ist exakt dasjenige, was die Heranwachsenden heute vor sich haben: ein neues Terrain. Es ist kein räumliches Terrain, wie es sich einst den Weltenbummlern, Seefahrern und Auswanderern offenbart hat, die auszogen, um entfernte Winkel der Erde auszuspähen, sondern es ist ein spirituelles, eines, für das sie keinen gezähmten Mustang brauchen, um über die Prärie zu jagen (und ähnliche Hilfsmittel aus der Karl-May-Ära), sondern eines, für das sie echte Interessen, einen festen Willen zum Engagement und eine gehörige Portion Selbstdisziplin brauchen, um nicht dem Sog geistloser Wohlfühlideologien bzw. dem Strudel unsinniger Modetrends zu verfallen.

Im Zuge der fortschreitenden Rationalisierung und Umstellung auf Computer und Roboter wächst das neue Terrain in Windeseile; es wird zu einem Niemandsland zwischen dem „Arbeiten-Müssen, um zu leben" und dem „Leben-Dürfen, um zu arbeiten", was beides nicht ganz den Kern der Sache trifft. Denn weder kann in der Arbeit der einzige Lebenszweck gesehen werden, noch im bloßen Am-Leben-Bleiben der einzige Arbeitszweck. Zwischen dem Am-Leben-Sein und dem Arbeiten-Müssen bzw. -Dürfen hat sich ein weites Feld aufgetan, ein relativ unerforschtes Gebiet, das für die Sinnsuche der Jugend geradezu ideal ist. Der entscheidende Punkt ist, dass es nicht darum geht, überflüssige, unausgefüllte Stunden, lang-

weilige Freitagnachmittage bis hin zu ebenso lang-
weiligen Sonntagabenden über die Runden zu bringen. Das wäre keine Alternative zu den erwähnten
Betäubungsstrategien, denn „Totschlag" ist „Totschlag" – egal, ob Wachheit, ob Intelligenz oder ob
Freizeit „totgeschlagen" wird. Es geht vielmehr um
ein umfangreiches Forschungsprojekt, ähnlich dem
der Vorväter, die sich aufgemacht haben, unseren
Globus zu erkunden. Es geht um die Entdeckung all
dessen, was *freiwillig neben* dem täglichen Arbeitspro-
zess an Sinnvollem geleistet werden kann, und zwar
aus keinem anderen Grund als dem, dass es sinnvoll
und gut ist, wenn es getan wird, und dass jemand
dazu „berufen" ist.

Vielleicht entdeckt der eine seine Eignung, alte Mö-
belstücke vom Dachboden abzuschleifen und kunst-
voll neu zu bemalen. Vielleicht entdeckt der andere
eine biologische Anbaukultur, bei der seine unent-
geltliche Unterstützung dankbar angenommen wird.
Vielleicht entdeckt der eine, wie man Straßenkinder
in eine enthusiastische Fußballmannschaft verwan-
delt, und der andere, wie man verweichlichte Mutter-
söhnchen organisiert, um in einer Blitzaktion ein
Heidestück von allem Gerümpel zu säubern. Vielleicht entdeckt der eine sein Talent, eine Schüler-
zeitschrift zu redigieren, und der andere ein fern-
östliches Weisheitsbuch, das durchzustudieren ihm
Freude macht.

Die jungen Menschen von heute sind mitnichten auf den Ernst des Lebens vorbereitet, dafür aber stehen sie an der Schwelle einer heraufdämmernden Entscheidungsfreiheit gigantischen Ausmaßes, die ihnen kreative Chancen noch nie da gewesenen Ausmaßes zuspielt, *wenn sie sie nützen.* Die Machbarkeit von so vielem, was bislang eher zur Science-fiction-Sphäre gezählt hat, steigt makaber an, in der Medizin, in der Technik, in den Labors des *homo faber,* der wieder einmal, wie schon öfter in der Menschheitsgeschichte, ein bisschen über seine Verhältnisse hinausgreift, und das, wie immer, mit einem moralischen Debakel büßt, aber nichtsdestotrotz sind die Optionen für frei gewähltes Leben so üppig wie nie zuvor.

Wer nach geistigen Schätzen fahnden will, die, ans Licht der Bewusstheit gehoben, sein Leben mit einem herzbewegendem Sinn begaben würden, der kann heute zumindest außerhalb (wenn schon nicht innerhalb) seines Arbeitsfeldes reichlich fündig werden, und er hat Ressourcen an Bildung, Kapital, Zeit, Mobilität und Informationen, wie sie noch keiner Generation, von Anbeginn der Menschheit an, zur Verfügung gestanden haben. Ohne den Wert der Arbeit schmälern zu wollen, muss doch festgestellt werden, dass die außerhalb der Berufstätigkeit liegende Lebenszeit, die proportional zur Arbeitszeitverkürzung an Volumen zugenommen hat, nicht zwangsläufig Sinnkrise, sondern außerordentliche Sinnfülle bedeuten kann. Das Problem ist nur: Danach wird nicht gesucht, nicht von denjenigen, deren Suche fixiert ist auf Oasen der „Entschleunigung" und Pseudo-Geborgenheit, denn die Umkehrung tut Not: Nur Menschen, die seelisch in Ruhe sind, nur Menschen, die sich geistig geborgen wissen, sind offen für den „Ruf des Logos", den sie freudig vernehmen und zu ihrem Leitstrahl verdichten. Es ist legitim, diesen Sachverhalt mit der Suchtproblematik zu vergleichen, die eine analoge Wenn-dann-Relation offenbart: Kein Süchtiger sucht nach Wertverwirklichung und nach einem sinnvollen Aktionsradius in seinem Leben. Er sucht nach „Stoff", er giert nach dem Suchtmittel; mehr ist nicht drin. Die Umkehrung erst weckt den Willen zu einem würdigen Leben: Der von seiner Sucht geheilte Mensch, dessen Gier insofern gestillt ist, als er sein Suchtmittel nicht mehr nötig hat, wendet sich wieder der Frage nach wertvollen Zielen und Inhalten in seinem Leben zu.

Was ist das Fazit von alledem? Wir – Erwachsenen – können unsere Kinder nicht mehr wirklich vorbereiten auf das, was auf sie zukommen wird (weil wir es selbst nicht kennen), aber wir sollten sie *stark machen, zu widerstehen,* sei es Suchtgefährdungen, sei es den Verlockungen moderner Hetzjagd, sei es einem Sich-Berauschen an Fanatismen, sei es dem dumpfen Abschalten-Wollen in Gleichgültigkeit, sei es der Hoffnungslosigkeit einer No-future-Mentalität. Wir sollten Sie stark machen! Und wie machen wir das?

# Schach der Reizüberflutung!

Im Jahr 1942 geboren, bin ich ein „Kriegskind" und habe als solches die ärmliche Nachkriegszeit im zerbombten Wien hautnah erfahren. Aus gegenwärtiger Sicht, und das heißt, durch die Augen einer klinischen Psychologin und Psychotherapeutin mit mehr als 30-jähriger Berufspraxis gesehen, welche mitten im Wohlstand des frühen 21. Jahrhunderts lebt, muss ich jedoch sagen, dass ich in einer „himmlischen" Beschütztheit und Abgeschirmtheit aufgewachsen bin. Sie hat mir eine psychische Stabilität gewährt, die mich bis ins Alter durch alle Fährnisse hindurchträgt. Es ist absolut paradox, dass die Kargheit und Armseligkeit meiner Kindertage meinen wahren Reichtum ausmacht, wohingegen mir die Kinder unserer modernen Gesellschaft in ihrer Überreiztheit und ihrem Überfluss unendlich leid tun, weil sie so entsetzlich strampeln müssen, um nicht in der Flut sie umbrandender materieller und potenzieller Verlockungen unterzugehen.

Ich kannte keine Spielsachen, und das war die Basis meiner Kreativität. Ein Blatt Papier und ein Bleistift genügten mir, um schon als Achtjährige Gedichte und Geschichten zu verfassen. Unser alter Radioapparat, dessen Akku noch regelmäßig aufgeladen werden musste, war meistens kaputt, sodass ich eine köstliche Stille bei den Hausaufgaben genoss. Dafür saß ich jede freie Stunde an unserem sich ständig verstimmenden Klavier, das mein Vater draußen am Feld in Regen und Schnee gefunden hatte, weil irgendeine Flüchtlingsfamilie es nicht mehr hatte mitschleppen können, und das er auf geheimnisvolle Weise in den dritten Stock des aufzuglosen Mietshauses hinaufgeschafft hatte, in dem wir wohnten. Das Klavierspiel wurde zur größten Wonne meiner Jugend, und abends, wenn sich mein Vater (nach abermaliger mühsamer Stimmung der Saiten) selbst daran entspannte, durfte ich im Nebenzimmer bei sanfter Klaviermusik einschlafen. Heute noch wünsche ich mir, sollte ich mein Leben dereinst in einem Pflegeheim beenden, bei den Klängen einer Klaviermusik von einer CD in eine andere Welt hinübergleiten zu dürfen.

Ich kann mich nicht erinnern, dass es bis zu meiner Pubertät anderes als Für-die-Schule-Lernen und Klavier-Spielen gegeben hätte, und beides tat ich leidenschaftlich gern. Die geliehenen Schulbücher musste ich seufzend an jedem Schuljahresende zurückgeben, aber bis dahin kannte ich sie fast auswendig. Die antiquarischen Noten (ein Heft war jeweils ein Weihnachtsgeschenk) wurden hundertfach gespielt und fielen total auseinander, aber sie wurden als Schätze gehütet. Meine alte Klavierlehrerin, eine Rentnerin, die sich mit Stundengeben über Wasser hielt, wurde von mir tief verehrt, und sie verdiente es auch. Nicht selten wurde ich Zeuge, wie ein Kind weinend vor ihrer Tür stand und stammelte, dass seine Mutter den halben Schilling für die Klavierstunde nicht hatte. Immer durften solche Kinder trotz leerer Hände zu ihr hineinkommen und erhielten Unterricht, obwohl die alte Frau nicht genug Geld für Heizmaterial besaß und wir im Winter in unseren Mänteln in ihrem Zimmer hockten. Wir Kinder liebten sie unbändig, und es gelang ihr ausnahmslos, uns die Liebe zur Musik ein für allemal ins Herz zu pflanzen.

Wo sind sie geblieben, die Kinder, die weinen, weil ihre Eltern eine Klavierstunde nicht bezahlen können? Wo sind sie geblieben, die Lehrer, die (selbst darbend) großzügig unbezahlte Stunden verschenken? Heute weinen die Kinder eher, weil sie Klavier üben sollen und nicht wollen. Heute beklagen sich die Lehrer eher darüber, dass sie „Knochenarbeit" bei guter Bezahlung leisten müssen.

Dass meine Familie zu fünft in einer engen Zwei-Zimmer-Wohnung hauste, weil meine Großeltern mütterlicherseits ausgebombt und ohne Unterkunft waren, hat mich als Kind nie gestört. Es hat mir ein warmes Nest vermittelt, in dem ich nie allein war. Drei Generationen, um einen Wohnzimmertisch ver-

sammelt (das Schlafzimmer war mit fünf Betten vollgestopft), vertrugen sich blendend, und die Tatsache,
dass dieser Tisch früh, mittags und abends für das
Essgeschirr abgeräumt werden musste, lehrte mich
bald, nichts darauf liegen zu lassen, kein Schulheft,
keinen Radiergummi, kein gepresstes Blütenblatt,
kein Kettchen aus aufgefädelten Knöpfen und kein
aus Kastanien und Zahnstochern gebasteltes Männ-
chen. Heute noch erachte ich es als einen Segen, dass
ich so vieles kann: in einem Team kooperieren, Ordnung halten, und vor allem eines: mit wenig Dingen
glücklich sein. Nein, mir fehlte nichts als Kind, ich
war rundum zufrieden und konnte meine Persönlichkeit ungehindert entfalten. Idealisiere ich etwas? Ich
prüfe mich streng, aber das Ergebnis lautet: nein. Ich
hatte alles, was die positive Entwicklung eines Kin-
des vorantreibt: die Zuwendung meiner Eltern und
Großeltern in fragloser Zusammengehörigkeit,
Schlichtheit und Stille, schulische Anregungen und
musikalische Frühförderung, einfaches Essen, har-
monische Abende, Zeit zum Denken, Fühlen, Träumen und Selbstwerden. Ich besaß zwei Röcke, eine
Bluse, vier Pullover, zwei Paar Schuhe, einen Mantel,
eine Mütze, ein Paar Handschuhe ... und war un-
sagbar reich.

Es ist klar und richtig, dass sich die Zeit nicht zurück-
drehen lässt. Keinem Land der Erde ist ein Krieg zu
wünschen, und also auch keine Nachkriegszeit mit
den zahllosen Halbwaisen, deren Väter im Krieg ge-

fallen sind, und mit den vielen Schutthaufen einge-
stürzter Häuser und verminten Bombengräben ringsum, wie ich sie noch erlebt habe. Gott sei gedankt,
dass uns seit Jahrzehnten Frieden und eine blühende
Wirtschaft beschert sind. Gott sei gedankt, dass unsere Jugend mit unvergleichlich mehr Entwick-
lungsmöglichkeiten ausgestattet ist, als meine Generation es damals war. Und dennoch wohnt das Glück
nicht da, wo es eigentlich wohnen müsste. Es ist aus-
gezogen „in ein fernes Land, unnahbar euren Schritten", wie es in Lohengrins Gralserzählung anschaulich heißt. Etwas ist passiert. Die Nester sind
gebrochen – manchmal meine ich, wir haben derzeit
mehr Scheidungswaisen als es vor rund 70 Jahren
Kriegswaisen gab. Wiederum fehlen die Väter, zwar
aus anderen Gründen, aber sie *fehlen*, und niemand
kann sie ersetzen. Die Nester sind sogar an mehreren
Seiten eingebrochen. Wo berufstätige gestresste Mütter und aus der elterlichen Partnerschaft ent-
schwundene Väter fehlen, dort haben die Handys,
Smartphones, Bildschirme und Lautsprecher das Vakuum gefüllt. Die zarte Kinderseele wird mit Flim-
merszenen vollgestopft und mit Lautstärke zuge-
dröhnt. Der Geist der Kinder, begierig, die Welt zu
erforschen und sich anzueignen, wird in fiktive Welten entführt, die täuschende Fata-Morgana-Gebilde
servieren, pausenlos und ungefiltert. Probleme
aggressiver und sexueller Art aus der Erwachsenen-
etage tröpfeln unaufhörlich über die Medien in die
Kleinkinderstuben und überschwemmen die vorpu-

bertären Buben und Mädchen mit der einseitigen Dokumentation eines unentrinnbar dräuenden Beziehungschaos, das sie sich nur noch mehr sehnen lässt nach der Flucht in virtuelle Illusionen. Die Realität kennen sie kaum, und was sie davon kennen, grenzt an Horror ...

Eine Diktatur des Besitzes hat sie fest im Griff. Wer nicht die modischste Kleidung trägt, ist nichts wert. Wer nicht das neueste Mehrfunktionengerät hat, wird zum Gespött. Dabei wird die Zeit (aber leider nicht das Geld) knapp: Shopping gehen kostet Zeit, Telefonieren kostet Zeit, Musik hören kostet Zeit, Fernsehen kostet Zeit, E-Mails lesen und beantworten kostet Zeit, Chatten am Computer kostet Zeit, Surfen im Internet kostet Zeit, in Urlaub fahren kostet Zeit; da muss man die „Nebenbeschäftigung Schule" schon ein wenig zurückstellen, und wenn dies nicht recht klappen will, dann flippt man halt aus, und wenn es dann zusätzlichen Ärger gibt, flüchtet man als Letztlösung in irgendeine Art von Vergessen ...

Die Nester haben keinen schützenden Rand mehr, sodass die Küken oft schon ein Füßchen im absturzgefährdeten Luftraum haben, ohne fürs Fliegen reif genug zu sein. Unzähligen Werbeslogans preisgegeben, tausenderlei Reizen ausgeliefert und mit der politischen und kulturellen Dekadenz einer sich atemlos wandelnden und brodelnden Menschheit konfrontiert, balancieren sie auf der Kippe der Restbestände humaner Werte dahin und klammern sich an die Technik, die allein Fortschritt, Problem-

lösungen und Zukunft verspricht. „Ach, wie so trüge-
risch …" – ahnen sie es? Freilich, aber die Alternative
ist nicht in Sicht, und eine trügerische Hoffnung
scheint allemal besser zu sein als gar keine. Schließlich ist der Gipfel des No-future-Booms bereits über-
schritten, und man hat es sich mittlerweile im Tal des
„Hauptsache, heute geht's mir gut"–Denkens bequem
gemacht, von wo aus man nicht mehr auf den schau-
rigen Gipfel zurückkehren will.

Was kann da helfen? Zunächst dies: *Stille, Stille und
nochmals Stille. Allerdings Stille ohne elektronisches Käst-
chen in der Hand.* Die Kinder sollten wie mit einem
Rettungsseil aus der Reizüberflutung herausgezogen
werden, um überhaupt zu sich selbst und zur Besinnung zu kommen. Konkret bedeutet dies, dass ihre
Eltern, Stiefeltern, Verwandten und Bekannten *vorle-
ben*, dass Stille etwas Heilsames, Angenehmes und
der Gesundheit Zuträgliches ist.

# Die guten Gaben der Stille

Was alles sind die guten Gaben der Stille?

*1. Das Gehirn bringt, falls es nicht übermüdet ist, in der Stille die volle Konzentrationsleistung. Und ist es müde, bringt es in der Stille die volle Entspannungsleistung zum federleichten Einschlafen.* Demzufolge steht denjenigen, die an Stille gewöhnt sind, im Wachzustand genügend Energie zum Lernen, Arbeiten oder Spielen zur Verfügung, während ihnen der Schlafzustand eine hinreichende Erholung gewährt. Die Schlaf-Wach-Kurven sind (im EEG messbar!) hoch, und zwar nach beiden Seiten, in Richtung „hellwach und munter" bei Tag und in Richtung „ungestört tiefer Schlaf" bei Nacht.

Dergleichen ist im Durchschnitt selten geworden. Ungezählte Menschen, darunter schon Jugendliche, Lehrlinge etc. leiden heute an einer zu flachen Schlaf-

Wach-Kurve, denn sie sind am Tage schnell erschöpft und nur halb „bei der Sache" (um welche „Sache" es sich auch handeln mag) und des Nachts dösig-schläfrig ohne echten Regenerationsgewinn. Beides ist ungesund. Die Tage ziehen sich unproduktiv dahin, man gähnt, putscht sich mit Kaffee und Zigaretten auf, sitzt sein Stundenplansoll ab, reagiert mürrisch auf Kleinigkeiten, weil die Selbstdisziplin nachlässt, und gibt abends unweigerlich dem „inneren Schweinehund" (Bewegungsfaulheit, Naschsucht, Alkoholkonsum, Computerspielen, Hängen am Smartphone ...) nach, weil keine Kraftreserven mehr da sind. Auch die Nächte ziehen sich dahin, zwischen Einnicken, Hochschrecken, Sich-im-Bett-Wälzen und Vor-sich-Hindämmern, garniert mit Schwitzen, Zähneknirschen und der Angst vor dem nächsten unerfreulichen Morgen. Dabei ist noch gar nicht berücksichtigt, welche Spuren die *Inhalte* der Spiele, Clips oder Filme, mit denen das Gehirn vor dem Einschlafen gefüttert wird, in der Psyche eines zu Bett gehenden Menschen hinterlassen. Aber da mittlerweile von den Lerntheoretikern einwandfrei bewiesen worden ist, dass das jeweils Letzte, was man vor dem Einschlafen erlebt, denkt, hört und sieht, sich besonders tief in der Psyche „einbrennt", weil man zu diesem Zeitpunkt extrem suggestibel ist, kann sich jeder selbst ausrechnen, wie ein anschauliches Fließbandmaterial an Morden, Gewalttaten, rasanten Autojagden, blutrünstigen Konflikten oder kitschig-obszönen Erotikszenen beim Schläfer nachwirkt. Auch wenn subjektiv behauptet wird, man könne innerlich „abschalten" und problemlos in die Realwelt zurückwechseln, so schleicht sich die Filmwelt dennoch durch die Hintertür des Unbewussten unbemerkt und ungehindert in die Traumwelt des Betreffenden ein, die ja auch keine Realwelt ist und daher mit den Konturen hereinströmender irrealer Impulse allzu leicht verschmilzt.

Es wäre auch keine Superlösung, Kindern von klein auf das Fernsehen oder Internet-Surfen nur am Nachmittag zu erlauben. Manfred Spitzer, Direktor der psychiatrischen Universitätsklinik Ulm, beschrieb in einem 2007 gehaltenen Vortrag die sogenannte „Freiburger Aufmerksamkeitsstudie", bei der zahlreiche Schulkinder zu Testzwecken mit einem Langzeit-EKG ausgestattet wurden. Gleichzeitig wurde eine Reihe von Daten über ihren Tagesablauf gesammelt. Es zeigte sich eine seltsame Paradoxie. Ich zitiere aus Manfred Spitzers Vortrag:

„Wenn man die Kinder fragt: ‚Sagt mal, wann habt ihr Stress?', dann sagen sie: ‚Vormittags in der Schule'. Wenn man sich aber den entsprechenden Puls anschaut, ist er vormittags kurz vor dem Tiefschlaf. Schaut man sich den Puls der Kinder dahingehend an, wann es für sie wirklich stressig ist, kommt heraus, dass die Pulsvariabilität nachmittags deutlich höher als vormittags ist. Die Kinder kommen mittags nach Hause, und was machen sie dann nachmittags? Da hat sich unsere Gesellschaft erheblich geändert. Viele Mütter sind außer Haus berufstätig, also geht am Nachmittag der Fernseher, das Video oder der Computer an. Vor sechzig Jahren noch war es vormittags in der Schule interessant. Da gab es Chemie und Physik, und es hat geknallt und gestunken. Nachmittags war nur Heuernte, wie langweilig! Heute ist nachmittags Hollywood, Stephen Spielberg und ‚Krieg der Sterne‘, und vormittags, da haben die Kinder bloß Schule, wie langweilig! Diese Entwicklung muss man sich klarmachen ...“

Freilich sind Smartphones, Computer und Fernsehen aus unserer Epoche nicht mehr wegzudenken. Deswegen muss ein starkes Gegengewicht installiert werden, das ihre stresserzeugenden Einflüsse neutralisiert, und dafür ist nichts besser geeignet als regelmäßige Zeiten der Stille. Stille beim Spielen für die Kleinen. Stille am Nachmittag beim Hausaufgaben-Machen für die Größeren. Stille an wenigstens einem, wenn nicht zwei Abenden pro Woche für die ganze Familie. Der Puls normalisiert sich, das Gehirn erholt sich, der Mensch kommt wieder zur Besinnung.

*2. Den besten Kontakt zu seiner „inneren Stimme" knüpft man in der Stille, denn die „innere Stimme" ist leise.* Dafür ist sie treu, verlässlich und absolut fair. Man könnte sie mit dem alten Ausdruck „Gewissen" gleichsetzen, wenn dieser Ausdruck nicht so sehr unter einer strengen Moralperspektive gelitten hätte. Man könnte sie auch als das dem Menschen eigene „Sinn-Organ" bezeichnen, wie es Frankl getan hat, nämlich als jenes „Organ", das uns in jeder Situation, wie immer sie beschaffen sein mag, das Sinnvollste rät, das es zu tun bzw. zu unterlassen gilt. Hat sich ein Mensch in Lügen, Irrtümer, gar in Schuld verstrickt, die innere Stimme weiß um einen Ausweg. Kann sich ein Mensch in einem Konflikt extrem schwer entscheiden, die innere Stimme kennt die Prioritäten. Ist ein Mensch aufs Schändlichste gedemütigt und gequält worden, die innere Stimme flüstert ihm seine unverlierbare Würde zu. In Kontakt mit seiner „inneren Stimme" sein, heißt, auf dem rechten Weg zu sein, unabhängig davon, was andere Personen meinen, verlangen, verwerfen oder einem vormachen mögen. Es heißt, man selbst in seiner besten Form zu sein.

Ungezählte Menschen, darunter schon Jugendliche, leben und bewegen sich fremdbestimmt. Sie beugen sich dem Diktat von Modeströmungen, orientieren sich an fragwürdigen Führerfiguren, wollen partout haben, was alle haben, und laufen blindlings in der „Herde" mit. Gerade Kinder, die an sich noch ein zartes Gespür für natürliche Ideale wie Schönheit, Wahrheit, Gerechtigkeit etc. haben, verbiegen sich nicht selten, zuerst, um Eltern und anderen Autoritäten zu gefallen, später, um der Gleichaltrigengemeinschaft zuzugehören, darin anerkannt und nicht isoliert zu sein. Mittels Outfit und Benehmen ordnen sie sich gängigen Gruppierungen zu im Bemühen, innerhalb deren Rangordnungen aufzusteigen, anstatt dass sie sich mit zunehmender Reife ihrer Einmaligkeit und Einzigartigkeit bewusster werden und ihre unverwechselbare Identität in der Welt finden.

Da kann nur die Stille helfen, denn in der Stille sieht man die Dinge klarer. Es ist, als würde man mit einem Trinkglas Wasser aus einem Fluss schöpfen und das Glas auf einen Tisch stellen. Das Wasser ist trüb, voller Schmutzteilchen und Plankton. Doch wenn das Glas eine Weile (still) steht, sinken die trübenden Stoffe allmählich zu Boden, und die Klarheit des Wassers offenbart sich. Ähnlich offenbart sich in der Stille das je Eigene, eben das zu einzigartigen Wesen in einmaligen Augenblicken Passende, der Ruf des „Logos" schlechthin, der uns durchweht und durchtönt – bedeutet doch das lateinische Wort *personare*, von dem sich unser abendländischer Personenbegriff ableitet, nichts anderes als „durchklingen" und „durchtönen". Die „innere Stimme" ist die Stimme der Transzendenz, die uns durchtönt. Ihr zu folgen ist zweifellos von höherer Qualität, als „Herden" und Moden nachzulaufen.

Von Frankl ist überliefert, wie er diesbezüglich mit einem pubertierenden jungen Mann kommuniziert hat, der in Gefahr war, auf die schiefe Bahn zu geraten. Frankl sagte ihm:

„Mein lieber Freund, du stehst heute an einer Weggabelung. In zehn oder fünfzehn Jahren wirst du zu dieser Weggabelung zurückblicken, und dann gibt es zwei Möglichkeiten. Entweder du wirst zu dir selbst sagen: ‚Was war ich doch für ein Esel! Mein Gott, damals, wie ich bei dem alten Frankl zur Beratung war, hätte ich noch das Ruder herumreißen können, damals hätte ich noch einen vernünftigen Kurs einschlagen können und wäre heute topfit und tüchtig in meinem Beruf. Die Zukunft stünde mir offen ...' Oder du wirst zu dir selbst sagen: ‚Erinnere dich, damals, wie du beim alten Frankl warst, hast du eine Kehrtwendung vollzogen. Wie gut, dass dir das gerade noch gelungen ist! Es war hart, aber jetzt bist du topfit und tüchtig im Beruf, hast eine Option für eine zufriedenstellende Zukunft ...' Mein lieber Freund, das eine oder andere wird deine Gedanken durchziehen. Jetzt geh in die Stille und entscheide, was es werden soll, das eine oder das andere!"

3. *Noch ein Weiteres kann die Stille. Wer sie aushält, übt sich in einer Art von Freisein ein, die phänomenal ist*; und dies ist wohl ihr köstlichstes Geschenk. In der Stille „braucht" der Mensch nämlich nichts zu seinem Seelenfrieden. Er muss keine Süßigkeiten lutschen, um sich zu befriedigen. Er muss sich keine Kopfhörer in die Ohren stecken, um Langeweile zu vertreiben. Er muss keinen elektronischen Smalltalk führen, um Alleinsein zu überbrücken. Er muss mit nichts angeben, um jemand zu sein, er muss nichts kaufen, um sich besser zu fühlen, und sich an niemandes Hals werfen, um ein paar schmeichelnde Worte einzukassieren. In der Stille reicht das *Sein*; an *Haben* ist nichts vonnöten.

Das entzieht jeglicher Verführung zu Süchten den Boden. Denn Sucht ist genau genommen nicht einfach eine Abhängigkeit von einem Suchtmittel, wie es den Anschein hat, sondern stets eine *Abhängigkeit von einem gewünschten inneren Zustand*, den das Suchtmittel herstellen soll. Insofern ist jede Sucht eine Abhängigkeit von einem psychischen Wohlbefinden, ohne welches man sich „verloren" wähnt. Ob es ein Thrill, ein Nervenkitzel ist, den man „braucht", um sich wohl zu fühlen (Stichwort Computerspiele, Geldspiele, Risikosport ...), oder ob es eine rasche Beruhigung ist, die man „braucht" (Stichwort Zigaretten, Schlafmittel ...), ob es eine enthemmte Fröhlichkeit ist, die man „braucht", um sich wohl zu fühlen (Stichwort Alkohol, Aufputschmittel), oder eine hochgezogene Leistung, die man „braucht" (Stichwort Doping ...), ist im Prinzip egal. Ein Mensch will sich gut fühlen, und um in sein „Gut-Gefühl" hineinzugelangen, setzt er eine Droge oder eine Aktivität ein, die ihm jenes „Gut-Gefühl" beschert, auch wenn die damit verbundenen Folgen keineswegs „gut" sind, was vom künstlich erzeugten „Gut-Gefühl" zunächst übertüncht wird. Bald jedoch dramatisiert sich die Lage. Ein künstlich erzeugtes „Gut-Gefühl" pflegt mit nachlassender Wirkung des Suchtmittels konstant und stetig in ein grauenhaftes „Schlecht-Gefühl" umzukippen (Entzug), sodass aus dem Erwünschen eines psychischen Wohlbefindens sehr schnell ein Flüchten vor einem psychischen Unwohlbefinden wird, eben ein Flüchten in die nächste Suchtmitteldosis. Der „Teufelskreis" schließt sich. Man jagt einem aushaltbaren Feeling hinterher, das beim kleinsten Versuch, der Sucht zu entrinnen, jäh abzustürzen droht, weshalb solche Versuche am laufenden Band scheitern.

An dieser Stelle seien ein paar Worte zum Thema „Gefühl" eingeflochten. Korrekterweise muss zwischen psychischen Gefühlen und einer geistigen Wertefühligkeit unterschieden werden.

Rein psychische Gefühle aus der Emotions- und Triebebene können den Menschen erheblich täuschen und sind daher als Handlungsmaßstab ungeeignet. Ein Alkoholkranker zum Beispiel *fühlt sich wohl*, nachdem er ein Glas Wein getrunken hat, und *fühlt sich elend*, nachdem er darauf verzichtet hat. In Wirklichkeit aber würde es ihm „wohl" ergehen, wenn er den Verzicht tapfer durchhalten würde, wohingegen es ihm immer elender ergehen wird, wenn er dies nicht schafft. Ein Kleptomane fühlt sich wohl, wenn er gestohlen hat, ein Pyromane, wenn er Feuer gelegt hat, ein Pädophiler, wenn er ein Kind unsittlich berührt hat ... Wir müssen zur Kenntnis nehmen, dass unser Gefühl „falsch ticken" kann, und ihm in diesem Falle nicht gehorcht werden darf.

Anders ist es mit jenem feinen Gespür im Menschen, das der „inneren Stimme" verwandt ist und intuitiv (gegebenenfalls wider alle Logik) ahnt, was schön, richtig, wertvoll, erstrebenswert und gerade vordringlich ist. *Diese* Art von Wertefühligkeit ermöglicht uns manchmal sogar, einen Zipfel des Areals zwischen Himmel und Erde zu erhaschen, sei es in Form künstlerischer Inspirationen, sei es in Form religiöser Erlebnisse, sei es in Form einer seltsamer Hellsichtigkeit, die uns Visionen zeigt, die sich mit Verstandesregungen nicht erklären lassen, oder sei es auch einfach nur in der Liebe in ihrer besten Gestalt. *Ihr*, jener Wertefühligkeit, dürfen wir trauen, *sie* führt uns kaum in die Irre. Sie aber ist kein Produkt eines Suchtmittels oder eines Suchtverhaltens, sondern ein geistiger Funke, ein Kind der Gnade und der Stille. Gerade dort, wo die Aspekte körperlicher oder psychischer Befindlichkeit in den Hintergrund treten, flammt jener geheimnisvolle Funke gleißend auf.

Das heißt, die Freiheit vom psychischen Wohlbefinden ist nicht nur der wesentlichste Suchtpräventionsfaktor, sondern auch die Voraussetzung für ein sinnerfülltes Leben. Kein Beruf, keine Familie, ja nicht einmal eine Hobbybeschäftigung macht ständig Spaß, wie es uns die Spaß- und Fun-Gesellschaft suggerieren will; das Sich-gut-Fühlen steht einfach nicht an erster Stelle angemessener menschlichen Motivation. An erster Stelle steht vielmehr die Sinnhaftigkeit unseres Tuns und Wirkens, und die ist lediglich mit geistigen Antennen abschätzbar – abgeschirmt von Hektik, Lärm, Zerstreuung und Reizüberflutung.

# Sich selbst überschreiten

Mein Plädoyer für Stillezeiten während des All-
tags ist allerdings kein Plädoyer für Untätigkeit
und „Herumsitzen", wenngleich meditative Akte
selbstverständlich der Stille bedürfen. In der alten
weisen Klosterregel *Ora et labora* ist die Stille für *beide*
Eckpfeiler gelingenden Lebens reserviert. Sie fördert
nicht nur das Gebet, sondern auch sämtliche Arbeits-
prozesse. Man kann es den Kindern und Jugendlichen nicht genug ans Herz legen, nichts als zu spielen, wenn sie spielen, nichts als zu essen, wenn sie
essen, nichts als zu lernen, wenn sie lernen, und
nichts als zu reden, wenn sie reden. Alles Doppelglei-
sige ist von halber Qualität, was sich wiederum hirn-
physiologisch perfekt erklären lässt. In der Hingabe
und Konzentration auf *einen* Inhalt filtert unser Zen-
tralnervensystem sämtliche Störungen nahezu rest-
los aus, um uns die volle Ausschöpfung der Gegen-

wart sicherzustellen. Man denke nur an einen spannenden Film im Kino. Solange er läuft, verspürt kaum ein Zuschauer einen Hustenreiz, schmerzt keinem der Rücken vom langen Sitzen, ist niemand hungrig oder durstig. Kaum ist der Film zu Ende, wird gehustet und geschnupft, gestöhnt und gereckt, greift man nach Flaschen und Bonbons.

Das Vermögen unseres Gehirns, Störungen vom jeweils aktuellen Aufmerksamkeitsinhalt abzuhalten, sinkt natürlich mit steigender Störungsbelastung. Würde jemand, der im Kino sitzt, gleichzeitig mit einer Taschenlampe in einem Buch auf seinem Schoß lesen, hätte er Schwierigkeiten, vom Film *und* vom Buch allzu viel mitzubekommen. Es wäre eher wahrscheinlich, dass er am Ende weder das eine noch das andere nacherzählen könnte. Von daher empfiehlt es sich, bei der Arbeit in Stille zu werken, beim Jogging in Stille zu laufen, aber auch – trotz Stille! – beim Essen nicht gleichzeitig in einer Zeitschrift zu blättern, beim Autofahren nicht gleichzeitig heftige Diskussionen zu führen oder beim Einschlafen nicht gleichzeitig Problemen nachzugrübeln. Umgekehrt wird derjenige, der an regelmäßige Stilleperioden gewöhnt ist, akustische Wahrnehmungen intensiver bemerken und eventuell auch intensiver genießen. Musik zum Beispiel ist nur dann ein Erlebnis, wenn sie nicht andauernd die Ohren berieselt, sondern einen Platz im Tagesablauf findet, an dem ihr *zugehört* wird – mit Leib und Seele. Analog sind Gespräche mit unseren Mitmenschen nur dann fruchtbar, wenn sie nicht zum

„Dauergeschwätz" (via Handy, E-Mails etc.) entarten, sondern in einer Zeit getätigt werden, da man eben „Luft hat" für den anderen und sich dem anderen mit Interesse und Anteilnahme zuwenden kann. Wobei auch auf der zwischenmenschlichen Ebene neben dem Sprechen dem *Zuhören* ein gewichtiger Anteil zukommt. Es ist gewiss kein Zufall, dass in einer Generation, die das „Zuhören in Ruhe" verlernt hat, die Scheidungs- und Trennungsraten in die Höhe schnellen.

Dies leitet zu einem zweiten „Starkmach-Elixier" über, das wir unseren Kindern mit auf ihren Weg ins Unbekannte geben sollten, um sie instand zu setzen, ihr Leben (unter allen Umständen!) meisterhaft zu gestalten. Neben der Fähigkeit, Stille zu praktizieren und als geistiges Besinnungsreservoir zu nutzen, ist eine Stärkung ihrer Fähigkeit zur *Selbstüberschreitung* vonnöten. Und das heute mehr denn je. Denn selbst die Stille schützt nicht vor Egozentrizität (schließlich kann man in Stille stundenlang vor dem Bildschirm hocken, in ein Kampfspiel versunken, bei dem imaginäre Gegner abzuschießen sind ...). Stille bietet eben primär eine „Nach-innen-Orientierung" und keine „Nach-außen-Orientierung", wie sich u. a. auch an fernöstlichen „Erleuchtungsritualen" gezeigt hat, die zwar die „Seele" heben, nicht aber den gesellschaftspolitischen Standard eines Landes.

In den westlichen Kulturen ist Egozentrizität das Markenzeichen einer „Massenneurose", wie Konrad Lorenz es ausgedrückt hat. Auch Frankl hat in seiner Beschreibung der „Pathologie des modernen Zeitgeis-

tes" die extrem geschrumpfte Fähigkeit zur „Selbst-
transzendenz", wie er sie nannte, beklagt. Worum
geht es dabei? Hier zwei Beobachtungen aus dem
amerikanischen Raum, dem „Schrittmacher" des modernen Zeitgeistes.

1. In den 1990er-Jahren sind an die 600 Schulprogram-
me getestet worden, die zum Ziele hatten, Schüler gegen Suchtkarrieren und psychische Entgleisungen aller Art zu immunisieren. In Langzeitstudien wurde
untersucht, ob Schulabgänger, die eines dieser Programme absolviert hatten, stabiler im Leben standen
als Schulabgänger ohne dieses Programm. Die Ergeb-
nisse lauteten durchwegs: Fehlanzeige! Es wurde kein
„Impfstoff" gegen seelische Schwächen gefunden.
Durch reinen Zufall stellte sich aber heraus, dass ein
gewisser Schultypus in die Nähe der gewünschten
Zielvorstellung kam. Es handelte sich um Schulen in
einem wenig besiedelten bäuerlichen Gebiet in Texas,
wo die Farmen so weit auseinander lagen, dass Kinder
verschiedensten Alters in jeweils einer Klasse zusam-
mengefasst werden mussten. Dadurch bedingt, konnten sich die Lehrer dieser Schulen immer nur einer
bestimmten Kindergruppe in der Klasse widmen,
während die übrigen Kinder, die auf einer höheren
oder niedrigeren Entwicklungsstufe standen, „anders"
beschäftigt werden mussten. Wie „anders"? Nun, aus
der Not eine Tugend machend, bekamen die älteren
Schüler den Auftrag, sich um die jüngeren zu kümmern, mit ihnen leise das Einmaleins zu üben, Zeich-

nungen anzufertigen usw. Sie entlasteten damit den Lehrer, der „seine" Gruppe in Ruhe unterrichten konnte, um danach zu einer anderen Kindergruppe überzuwechseln. Selbstverständlich bekamen bei dieser Konstellation auch die jüngeren Schüler einen Auftrag. Ihre Aufgabe war es, mit den älteren zu kooperieren und in Fällen von Unterrichtsengpässen genügend Selbstdisziplin zu bewahren, um das Klassengeschehen um sie herum nicht zu beeinträchtigen. Das Lehren und Lernen bildete in diesen Schulen ein Gemeinschaftswerk, an dem alle ernsthaft beteiligt waren, und jeder Einzelne, ob Kleinkind oder Pädagoge, trug Verantwortung für das Gelingen des Ganzen.

Das Erstaunen der Wissenschaftler war groß, als sich bei Vergleichsanalysen herausstellte, dass just Schulabgänger solcher „Notbehelfschulen" im Leben stabiler waren als Schulabgänger von Nobelschulen mit teuren Präventivprogrammen. Die Jugendlichen aus besagter Gegend in Texas mussten zwar an den höheren Lehranstalten oder Universitäten manches Stoffgebiet nachlernen, aber sie erwiesen sich als sozialer, kommunikativer und verantwortungsbewusster als ihre Mitstudenten, griffen äußerst selten zu Drogen, begingen wenig kriminelle Delikte und hegten kaum Selbstmordabsichten.

2. Der folgende Bericht stammt vom Direktor einer Highschool in Kalifornien, der auf einem Psychologenkongress zum Thema „Gewalteindämmung" bewegende Worte gesprochen hat. Er schilderte seinen

jahrelang aufgestauten Frust über die Schüler, die sich im Unterricht provokant schlecht benahmen, die Füße auf den Tisch legten, Cola tranken, Chips kauten, gelangweilt zum Fenster hinaussahen und in jeder Hinsicht demonstrierten, dass sie die sorgfältig vorbereiteten Skripten und das dazu passende „Geschwätz" des Lehrers für pure Zeitverschwendung hielten. Der Direktor meinte, dieser unhaltbare Zustand habe sich in den letzten vier Jahrzehnten schleichend angebahnt und derzeit einen Höhepunkt erreicht, an dem man eher Dompteure mit Karateausbildung an den Schulen benötigte als einen feinsinnigen und vielseitig interessierten Lehrkörper. Er gab zu, insgeheim die jungen Menschen der Gegenwart als *lost generation* betitelt zu haben. Dann aber schwenkte er in seinem Bericht um und erzählte von einem Vorkommnis, das ihm die Augen für eine völlig neue Erkenntnis geöffnet habe.

Es habe eines Nachmittags einen heftigen Erdstoß in der Nähe der Schule gegeben, wie es öfter im erdbebengefährdeten Kalifornien geschieht. Dabei sei ein billig gebauter Supermarkt eingestürzt. Die Steintrümmer bedeckten ein Tiefgeschoss dieses Supermarkts, in dem sich zahlreiche Einkäufer befanden, die jetzt eingeschlossen waren. Da man befürchten musste, dass die Luftzufuhr zum Tiefgeschoss außer Funktion war, war höchste Eile geboten, jene verschütteten Personen aus ihrem Gefängnis zu befreien. Die Polizei unterstützte die Rettungsmannschaften, indem sie durch die Straßen des Wohnviertels fuhr und per

77

Lautsprecher um freiwillige Helfer bat, die sich an einer schnellen Ausgrabeaktion beteiligen sollten. Der Notruf drang auch in die Klassenzimmer der Schule, und siehe da: Die Mädchen und Jungen stürmten hinaus, besorgten sich Handschuhe, Schaufeln, Eimer und Eisenstangen, bildeten Marathonketten und buddelten emsigst die ganze Nacht hindurch, ohne Ermüdung, ohne Murren, ohne Abendessen, Cola oder Chips; ja, sogar miteinander verfeindete Schüler arbeiteten friedlich Schulter an Schulter, und jubelten gemeinsam vor Freude, wenn sie eine Stimme „von unten" vernahmen und es den sich abseilenden Feuerwehrmännern gelang, jemanden zu bergen.

Dem Direktor der Schule stiegen noch nachträglich Tränen der Rührung in die Augen, als er vor dem Kongressauditorium davon sprach. Er schüttelte reuig den Kopf und sagte: „Ich muss unserer Jugend Abbitte leisten. Das ist keine *lost generation*. Es sind prächtige junge Frauen und Kerle, die da heranwachsen, nur – irgendwie stimmt unser Schulsystem nicht. Wir liefern den jungen Leuten unser Wissen auf dem ‚Servierteller', aber das wollen sie nicht. Sie wollen Pioniere sein, sie wollen etwas entdecken, sie wollen sich etwas in ihrem eigenen Schweiß erarbeiten, und vor allem: Sie brauchen das Gefühl, *gebraucht zu werden*, wichtig zu sein für die Welt, einen unverzichtbaren Beitrag leisten zu können, und wollen nicht große Babys sein, die mit Flaschen voller vorgekauter Informationen, Meinungen, Lösungen, Bequemlichkeiten und Unterhaltungen gefüttert werden."

Extrahieren wir die Quintessenz aus diesen zwei Beobachtungen, denen viele ähnliche angefügt werden könnten: In beiden Fällen waren Kinder mit persönlichen Aufgaben konfrontiert. Sie waren herausgefordert, sich selbst mit ihrem jeweiligen Können einzubringen, und zwar im Dienst an anderen Menschen. Es war ihnen abverlangt, sich selbst zu überschreiten (sich selbst zu transzendieren, wie Frankl es ausgedrückt hat) und sich bis zu einem gewissen Grad sogar vorübergehend zu vergessen. Die Frage ihres psychischen Wohlbefindens trat in den Hintergrund, während dasjenige, was der Sachlage entsprechend wichtig war, sowie die Menschen um sie herum in den Vordergrund traten. *Das* ließ sie erstarken. *Das* ließ sie ein bisschen über sich selbst hinauswachsen. Und *das* machte sie mit sich selbst zufrieden und glücklich. Denn Glück ist in Wahrheit nicht, dass jemand sagen kann: „Mir geht es gut", sondern Glück ist, dass jemand sagen kann: „Ich bin für etwas gut", und die Schüler aus den beiden obigen Geschichten konnten dies mit Fug und Recht von sich sagen. Übrigens hat in beiden Fällen seltsamerweise eine negative Ausgangssituation (wenig Schulen in dünn besiedeltem Gebiet, Erdbeben mit schlimmen Folgen) Positives für die jungen Menschen erwirkt, aber dies ist eben eines der skurrilen Gesetze des Lebens, dass Kummer und Sorgen erfinderisch und innovativ machen, wohingegen der Wohlstand eher stumpf und träge macht.

Für die Erziehung bedeuten diese Beobachtungen, dass es klug ist, den Kindern von Anfang an kleine

„Opfer" abzuverlangen, allerdings nicht mit Willkür und elterlicher Gewalt, sondern in plausiblen Zusammenhängen, die möglichst mit praktizierter Nächstenliebe zu tun haben. Ein kleines Beispiel: Oft sehe ich beim Einkaufen, wie Mütter ihren Kleinkindern, die gemütlich in den Einkaufswagen sitzen, Zucker- und Knabberzeug kaufen, nur damit die Kinder in der Warteschlange vor der Kasse nicht ungeduldig und quengelig werden. Hierbei wird das aktuelle „Gut-Gefühl" der Kinder überbewertet bzw. sofort über ein „Mittel" wiederhergestellt, wenn es leicht zu wanken droht. Wen wundert es, wenn dieselben Kinder zehn Jahre später zu Haschisch oder Ecstasy greifen, sobald ihr „Gut-Gefühl" aus dem Gleichgewicht gerät? Besser wäre es, die Mütter würden beim Einkaufen den Kleinen schon erklären, was der eigentliche *Sinn* des Wartens an der Kasse ist: Würde man sich vordrängen, müssten andere, vielleicht ältere Leute, länger stehen, was ihnen schwerfiele; außerdem würde ein Drängeln mit Unmutsbemerkungen die Kassiererin hetzen, die eine anstrengende Arbeit verrichtet und sich konzentrieren muss, um keine falschen Geldbeträge herauszugeben. Wenn die Kinder verstehen, *wozu* sie das kleine „Opfer" eines ruhigen Ausharrens bringen sollen, werden sie es erbringen – und nebenbei noch lernen, Stille *mit nichts* (also weder mit Popmusik noch mit Schokoladengeschmack) *gefüllt* auszuhalten, eine Kostbarkeit für ihre Zukunft!

# Falsche und richtige Prinzipien

Praktizierte Nächstenliebe, oder noch allgemeiner formuliert, die Aufgabe, Werte zu verwirklichen, gibt es nur in der realen Welt. Im *first life*, wie man mit Blick auf den neuen *Second-life*-Trend sagen könnte, bei dem sich jeder eine fiktive Identität im Fantasieland der Computer zulegen kann, ob er nun Haremspascha in Afrika oder Herr der Ringe im Weltall oder sonst wer sein will. Freilich ist es nicht grundsätzlich schlecht, das weite Land der Fantasie zu betreten und sich darin zu amüsieren bzw. zu erholen. Künstler aller Zeiten sind darin spazieren gegangen, allen voran die Dichter, deren himmlische Gabe es ist, unsere reale Welt in faszinierenden Verschiebungen und Verdichtungen abbilden zu können.

Was bei der Überschwemmung unserer Gesellschaft mit Computeranimationen und Unterhaltungsfilmen bedenklich ist, sind nicht einmal so sehr die durch sie ermöglichte Flucht aus der Realität und die dabei auf der Strecke bleibenden Wertverwirklichungen in der Realität, sondern mehr noch *das Lernen falscher Prinzipi*en, nämlich das Lernen von Prinzipien, die in der fiktiven Welt gültig, aber in der realen Welt ungültig sind. Was das Lernen betrifft, so sind die jungen Menschen natürlich die „Spitzenreiter" der Gesellschaft, denn keiner lernt so gut und so schnell wie sie. Kinder und Jugendliche können gar nicht anders als ununterbrochen zu lernen (was allerdings nichts mit dem Schulstoff zu tun haben muss), denn ihr Gehirn nimmt jeden Umweltreiz, jede kleinste Sensation und jedes Minierlebnis akribisch auf und verschaltet es mit allen bisherigen Einprägungen, um schließlich Verallgemeinerungen, sozusagen „Lebensprinzipien" daraus abzuleiten. Das ist normalerweise nützlich. Hier seien jedoch zwei Beispiele für Prinzipien angeführt, die Kinder aus Filmen und virtuellen Welten lernen können, und die weit weniger nützlich sind:

1. Ein gängiges Prinzip, das mittels vieler Filme und Computerspiele unbewusst in die Köpfe insbesondere der jungen Zuschauer einprogrammiert wird, lautet: „Dem Helden ist alles erlaubt!" Weil er der Held ist, steht er auf der richtigen Seite, also darf er *alles*, um seine Ziele zu verfolgen. Es darf etwa ein (sympathischer) Detektiv, der (unsympathische) Gangster jagt, mit seinem Wagen auf zwei quietschenden Reifen quer über einen Marktplatz kurven, und wenn dabei ein paar Obststände zur Seite fliegen und die Früchte

über die Straße rollen oder wenn dabei ein paar Fuß-
gänger mit entsetzten Gesichtern im letzten Moment
aus dem Weg hopsen, ist das nur lustig. Das filmische
Happy End (Gangster gefasst) rechtfertigt scheinbar
das Verhalten des Detektivs, aber leider handelt es sich
eben um eine Scheinethik, die der Realität nicht entspricht. In Wirklichkeit darf niemand andere Menschen gefährden oder schädigen, zu keinem noch so
edlen Zweck, sonst könnte man ja sämtliche politisch
motivierten terroristischen Akte sanktionieren.

2. Ein gleichermaßen gängiges Prinzip aus der illusi-
onären Filmwelt lautet: „Der Held kommt immer
durch". Obwohl moderne Drehbuchautoren bezüglich der Happy-End-Schlüsse eher zurückhaltend
sind, passiert ihren Drehbuchhelden selbst meistens
nichts. Deren Partner- und Liebschaften werden zwar
überwiegend desolat geschildert, deren Familienleben (sollte ein solches in der Story existieren) wird als
rudimentäres Beiwerk anskizziert, aber ihre Abenteuer überstehen sie stets heil. Werden die Helden
von Feinden niedergemetzelt, holen sie sich kaum eine Beule, geschweige denn einen Schädelbasisbruch,
springen sie aus Flugzeugen, fangen sie sich akroba-
tisch gewandt in herabhängenden Seilen, landen sie
in einem brennenden Schuppen, lehnt zufällig eine
nicht brennende Leiter unter der rettenden Dachluke
usw. Hunderte Male sterben auf den Bildschirmen
die richtigen Leute im richtigen Augenblick, und die
Helden bleiben siegreich übrig.

Im Jahr 2007 stand ein tragischer Vorfall in der Zeitung. Ein Junge war nach der Schule in eine Schnellbahn eingestiegen, die ihn nach Hause bringen sollte. Während die Bahn noch an der Haltestelle stand, die automatischen Türen sich aber bereits schlossen, entdeckte der Junge seine Freunde draußen auf dem Bahnsteig und wollte zu ihnen. Im Bruchteil einer Sekunde traf er eine tödliche Entscheidung. Er kletterte auf eine Sitzbank und schwang sich durch ein geöffnetes Waggonfenster hinaus. Vom Bahnsteig rutschte er auf die Gleise und wurde vom anfahrenden Zug überrollt. „Der Held kommt immer durch" – er war ein mutiges, sportliches Bübchen, fürwahr, nur mit dem falschen Lebensprinzip im Hirn ...

Die reale Welt, die uns in der Schöpfung überantwortet worden ist, ist nach anderen Regeln aufgebaut. In ihr ist ein Held, wer unter emotionalem Hochdruck noch anständig bleibt, wer Neigungen wie Habgier, Neid, Eifersucht und Missgunst bei sich selber unterdrücken kann oder wer ein unabänderliches schweres Schicksal in Tapferkeit trägt. Solche Helden dürfen weder alles, noch sind sie unverletzlich, im Gegenteil. Oft sind sie eingeschränkt, arm, krank, müde, werden übersehen, ausgenützt oder gar mit einem Schulterzucken und Naserümpfen abgetan. Dennoch sind sie unsere Hoffnung und unser Vorbild. Sie dienen, bescheiden und ohne zu klagen, wo Dienste gebraucht werden. Sie rackern sich für das Wohl ihrer Familie ab und verzichten auf einen beachtlichen Teil ihrer „Selbstverwirklichung". Sie vergelten Böses nicht mit Bösem, sondern lassen Barmherzigkeit walten. Sie nehmen Schmerzen und Verluste hin und sind dankbar für die Lichtstunden, die sich ihnen gewähren. Sie haben Humor und stecken die Trübsinnigsten noch mit Fröhlichkeit an. Sie sind im Urvertauen geborgen, komme, was wolle. *Das sind die wahren Helden* – wer sagt es der Jugend? Wer zeigt sie der Jugend? Wer anerkennt sie überhaupt? Wer verneigt sich vor ihnen bis auf den Boden hinab?

Sie sind unsere Hoffnung und unser Vorbild. Deshalb frage ich: Wo sind die Filmemacher, die *ihnen* ein Denkmal setzen und *ihre* Lebensprinzipien in die Köpfe der Zuschauer hineinimpfen?

Die Erzieher von heute sind aufgefordert, das selbstständige und kritische Denken und das liebevolle und wertschätzende Fühlen ihrer Schützlinge anzuregen, wo sie nur können, mit aller Kraft, mit Worten, Taten, Gesten und mit dem selbst abgelegten Zeugnis, das am überzeugendsten wirkt. Wer auch immer mit Kindern und Jugendlichen zu tun hat, eigenen oder fremden, hat die Aufgabe, problematische Botschaften aus den Medien vehement infrage zu stellen sowie falsche Gewichtungen in den Medien zurechtzurücken. Wir befinden uns derzeit in einer ungeheuren Kulturrevolution, davor sollten wir den Kopf nicht in den Sand stecken. Das gigantische Informationsnetz, das die Menschheit umwickelt, und die sagenhaften elektronischen Spielereien und Vorgaukeleien, die wie Unkraut emporsprießen, treffen die jungen Menschen unserer Generation völlig schutzlos an. Wie hätte diese Generation auch Abwehrkräfte dagegen entwickeln können, da es dergleichen niemals gab? Es ist fast wie beim Ausbruch einer neuen Seuche: Zunächst einmal ist niemand immun gegen sie. Mit der Zeit erst entwickelt eine betroffene Population Antikörper im Blut; mit der Zeit erst wappnen sich die Organismen zum Widerstand. Ähnlich trifft es unsere Jungen direkt an der Flanke ihrer empfänglichen Mentalität.

Der Bestsellerautor Frank Schätzing schrieb in seinem Roman „Lautlos" folgenden Kommentar: „Wirft man einen Blick auf die rasante Entwicklung der westlichen Medienkultur, wird klar, warum wir die Dinge verzerrt sehen. Fernsehen und Internet verschaffen uns Zugriff auf nahezu jede gewünschte Information. Wir können uns nach Belieben mit Daten versorgen und müssen dafür nicht einmal Wartezeiten in Kauf nehmen. Kein Teil der Welt, kein Fachgebiet, keine Intimität bleibt uns verschlossen. Im Gegenzug haben wir unser Urteilsvermögen eingebüßt. Wir bemessen die Wichtigkeit weltweiter Vorgänge daran, wie lange im Fernsehen darüber berichtet wird. Zwei Minuten Tschetschenien, drei Minuten Lokales, eine Minute Kultur, das Wetter. Das Problem ist, dass wir uns angewöhnt haben, dieser medienseits vorgenommenen Wertung blind zu vertrauen. Als Folge unterliegen wir einem Irrtum. Wir verwechseln die Frage, ob eine Sache *für uns* interessant ist, mit der

Frage, ob sie *grundsätzlich* interessant ist, und lassen diese Frage von den Medien beantworten."

Stellen wir uns also den Diskussionen mit den Heranwachsenden. Tauschen wir nicht bloß Banalitäten mit ihnen aus, sondern thematisieren wir von Angesicht zu Angesicht *grundsätzlich* interessante Inhalte und leiten wir die Jugendlichen an, zu prüfen, *was* sie *von wem* übernehmen und was sie besser verwerfen würden. Egal, ob es Reklame und Online-Angebote sind, die ihnen einreden wollen, zu kaufen, was sie nicht brauchen, ob es die coole Peergroup ist, die den angeblich harmlosen Genuss von Cannabis anpreist, oder ob es der Altlüstling James Bond ist, der demonstriert, dass ein befriedigendes Liebesleben aus ständig wechselnden Bettgenossinnen besteht, egal, die Jugendlichen sollen diese Einflüsse nicht im halbbewussten Dämmerzustand in sich hineinsaugen, sondern sich wachen Geistes mit ihnen auseinandersetzen, lachend, schimpfend, applaudierend oder ihnen trotzend, aber jedenfalls in der redlichen Absicht, sich eine eigene Meinung zu bilden, die mit ihrer inneren Stimme und den Gegebenheiten der Realität abgeglichen ist.

Und vergessen wir nie, sie aus der Lethargie herauszuholen, zu der die unzähligen schlechten Nachrichten aus aller Welt sie (und nicht nur sie) zu verleiten drohen. Eine der „allerrichtigsten" Regeln des Lebens besagt, dass jeder Mensch eingeladen ist, an dem winzigen Platz, an dem er sich befindet, diese unvollkommene Welt eine Spur heller und freundlicher zu machen, ihr eine Spur Herzenswärme zu übermitteln und sie solcherart eine Spur zu vervollkommnen. Es ist wie bei einem Puzzlespiel, kann man den jungen Leuten erklären, jedes Teilchen ist nur einmal vorhanden und daher an seinem Platz unersetzlich und unverzichtbar wichtig. Seine Farbe und seine Form kommt kein zweites Mal vor; fehlt es, ist das ganze Puzzlespiel nicht zu vollenden. Analog hat auch jeder Mensch seine „Farbe" und seine „Form", das heißt seine einzigartige, unverwechselbare Persönlichkeit, und verweigert er seinen individuellen Beitrag zur Mitgestaltung einer gemeinsamen friedlichen Welt, kann unserem Geschlecht keine menschenwürdige Zukunft beschieden sein. „Es kommt auf dich an!", das ist die Botschaft, die wir an die nächste Generation weiterzugeben haben. *Das* appelliert an ihr Verantwortungsbewusstsein. *Das* macht sie stark. Und *das* immunisiert sie gegen primitives Mitläufertum in den Schuhen der Zeittrends.

*Fassen wir zusammen:* Junge Menschen möchten und können ihr Leben sinnvoll gestalten. In unserem Kulturkreis haben sie ungeheuer viele Möglichkeiten dazu. Ihre Möglichkeiten sind durch den Wohlstand gewachsen, den wir seit einem halben Jahrhundert genießen, durch die phänomenalen Erfindungen der Wissenschaft und Technik in unserer Zeit und durch die Freiräume, die sich ihnen zusätzlich und neben Schule, Studium, Arbeit und Familie eröffnet haben.

Dennoch lauern Gefahren auf ihrem Lebenspfad, die hauptsächlich mit einem „zu viel (von fast allem)" zu tun haben.

Zur Vorbeugung ist es notwendig, dass sie rechtzeitig mit den *guten Gaben der Stille* vertraut gemacht werden bzw. sich selbst in die Stille zurückziehen, wenn es ihnen niemand gezeigt hat. Eine Viertelstunde am Tag wäre schon ein großer Gewinn, sei es ein Spaziergang ohne Ohrenstöpsel, ein Lesen ohne Störgeräusche, ein meditatives Sitzen ohne Handy in Reichweite etc.

Des Weiteren ist es zur körperlichen und seelischen Ertüchtigung unbedingt notwendig, sich einen *gesunden Schlaf-Wach-Rhythmus* anzutrainieren. Dazu gehört auch, dass vor dem Einschlafen auf filmische Horror- und Gewaltszenen eher verzichtet wird. In den Stillephasen und kurz vor dem Einschlafen kommt man gut in Kontakt mit der eigenen inneren Stimme, die unser „Sinn-Organ" schlechthin ist und uns stets weise berät.

Der nächste Aspekt zur Gefahrenvorbeugung mutet wie eine „kopernikanische Wende" an: Statt diverse Hilfsmittel zu *brauchen* (um das eigene „Gut-Gefühl" konstant zu halten), wäre es segensreich für die jungen Menschen, zu überlegen, wofür sie selbst *gebraucht werden*. Wem könnten sie helfen? Kameraden, Geschwistern, Nachbarn, Tieren ...? Wofür könnten sie sich engagieren? Welches „ehrenamtliche" Ressort könnten sie übernehmen? Wo ist ein Bedarf rings um sie herum, den keiner voll abdeckt, wo ist ein Stück

Not, die sie lindern könnten? Käme eventuell auch eine sportliche oder musische Aufgabe für sie in Frage? Könnten sie einem Verein beitreten, in einem Chor singen, an einer Ausschreibung teilnehmen, selbst eine Teamarbeit initiieren?

Die Gewohnheit, Stillephasen einzuhalten, würde jegliche Hyperaktivität dabei verhindern, während die Bereitschaft zur Selbstüberschreitung andererseits jegliches egozentrische Im-eigenen-Saft-Schmoren im Keim ersticken würde. Würde sich noch eine ausreichend entwickelte Kritikfähigkeit, gepaart mit einem echten Interesse an der realen Welt, dazugesellen, wären die Gefahren gebannt, und die Chancen der jungen Generation in unserer Gesellschaft grandios. Keine *Quaterlife-Crisis*, von der die Soziologen behaupten, dass sie derzeit Hochkonjunktur habe, würde sie mehr erwischen.

# TEIL III

## Des Lebens überdrüssig?

Die beiden Journalisten Abby Wilner und Alexandra Robbins haben in ihrem Bestseller „Quaterlife-Crisis"[2] höchst alarmierende Aussagen junger Amerikaner gesammelt, Aussagen, die sie bei einer Großbefragungen erhalten hatten. Ich zitiere einige exemplarisch daraus:

„Ein Marketing-Manager, 26 Jahre alt, BMW-Fahrer und Besitzer einer Luxuswohnung, verzweifelt an der Belanglosigkeit seines Erfolges."

„Eine 24-jährige Yale-Absolventin nimmt einen Job an, der sie in Kürze reich machen könnte, der aber sehr langweilig ist. Sie könnte nur noch heulen."

„Ein 24-jähriger Grafiker findet nach seinem ersten Berufsjahr alle Zeitschriften so hässlich und sinnlos, dass er seinen Beruf aufgibt."

---

2 Jeremy P. Tarcher, New York, 2001.

„Ein apartes 22-jähriges Mädchen namens Angel beschwert sich darüber, dass es mit dem Älterwerden nicht klar kommt. Ihr Freund hat sein Studium abgebrochen, weil er mit einer Band Karriere machen wollte. Die Band existierte eine Woche lang, dann verging ihm die Lust daran ..."

Aussagen ähnlichen Tenors setzen sich über viele Buchseiten fort. Was ist das eigentlich, was hier vorliegt? Ein Armutszeugnis? Je nachdem, wie man es betrachtet; es könnte auch die Kehrseite eines Reifezeugnisses sein. Denn wenn man diese merkwürdigen Aussagen intelligenter, erfolgreicher, gesunder, wohlhabender Leute (die von ein paar Millionen anderer Menschen in Hunger- und Elendsgebieten beneidet würden, wären sie denen bekannt) unter die psychologische Lupe nimmt, kristallisiert sich die triviale Weisheit heraus, dass Geld und Erfolg allein nicht befriedigen. In gewisser Weise spricht das sogar *für* die Jungen, die „mehr als alles" wollen, nämlich *mehr* Ideale *als alles* Materielle, und *mehr* Sinn *als alle* Vorteile. Sie müssten bloß „die Kurve kriegen", daraus die richtigen Schlussfolgerungen zu ziehen und ihr Wirken auf eine neue Basis zu stellen, indem sie sich aktiv um die Bedürftigkeit der Welt ringsum bekümmern, statt ihre eigenen Pseudo-Bedürfnissen zu bebrüten.

Die obige Beschreibung der unglaublichen Kombination von „Top-Lebenskonditionen" mit „Nerven am Ende" war bislang eher eine Domäne der mittleren Generation, die sich bei uns (leider immer noch) zuhauf den Luxus der *Midlife-Crisis* leistet. Bei den über Vierzig- bis Fünfzigjährigen tritt nämlich eine weitere Variante dazu, die es ihnen erschwert, beschwingt und fröhlich zu sein. Wie es die Aufgabe der Jungen ist, ihr Leben kraftvoll und sinnvoll zu gestalten, so ist es die Aufgabe der Älteren, ihr Leben fantasievoll und sinnvoll *um*zugestalten. Beruflich ist im Allgemeinen erreicht worden, was erreichbar war, familiär sind meistens Etappenpartnerschaften absolviert und Kinder großgezogen worden, und finanziell hat man sich geschaffen, was man braucht, in Grundzügen gesichert, was man künftig brauchen wird, und dazu noch ein mehr oder weniger dickes Polster von überflüssigem Zeug zugelegt, auf dem man bequem ruht. Was jetzt? Eine bange Frage.

Im Unterschied zu den Jugendlichen, die in unserer Zeit beängstigend viel Unbekanntes vor sich haben, haben die älter werdenden Menschen erschreckend viel Bekanntes vor sich: Sie werden schwächer, kränker und hinfälliger werden, in der Arbeit von jungen nachdrängenden Spezialisten überholt werden, von ihren erwachsenen Kindern oder auch früheren Freunden zunehmend verlassen, also einsamer werden, sie werden manchen Lieblingssport und Ähnliches aufgeben müssen, sie werden wachsenden Limits und letztlich dem Sterben ins Auge sehen müssen. In ihrem Alter steht man auf dem Gipfel, nicht nur der Karriere, sondern auch der körperlichen und mentalen Fitness, des wirtschaftlichen Einkommens und der sozialen Einbettung. Plötzlich aber entdeckt man, was einem beim mühsamen Aufstieg zum Gipfel kaum klar bewusst gewesen ist, nämlich dass es von keinem Gipfel der Welt mehr höher hinauf, sondern nur noch – bergab geht! Nach dem Gipfelerlebnis wartet unweigerlich der Abstieg.

Das Erschrecken darüber, dass man sich am Gipfel nicht festkrallen kann und unaufhaltsam ins Abwärtsrutschen gerät, hat die (scheinbar) logische Konsequenz, dass man sich zynisch fragt, wozu man überhaupt mühsam hinaufgeklettert ist. Der Sisyphus-Mythos nistet sich in den Gedanken ein. In solchen Fällen kommt es leicht zu massiven *Rückwärts-Abwertungen* der bisherigen Lebensleistung. Personen in der Midlife-Crisis glauben übereinstimmend, sie hätten bisher nichts von ihrem Leben gehabt, sie hätten sich für allerlei abgerackert, hätten sich verausgabt für die Belange anderer, die es ihnen niemals danken, wären dabei selbst zu kurz gekommen, wären dabei mit ihren eigenen Wünschen auf der Strecke geblieben, und jetzt sei es zu spät für ihre Selbst- und Träumeverwirklichung, jetzt sei „der Zug abgefahren" und ihr Dasein habe keinen Zweck und keine Zukunft mehr. Insbesondere dort, wo einstige enge Beziehungen in Trümmer zerfallen sind oder wo einstige Errungenschaften von Fortschritten überholt worden sind, bleibt ein klebriges Leeregefühl zurück, das Depressionen und psychosomatischen Störungen Tür und Tor öffnet – vom leisen Rückgang der

Gedächtnisfähigkeit und Reaktionsgeschwindigkeit und von schrumpfender äußerer Schönheit begleitet, was alles zusammen die irritierende Vorstellung festigt, man sei nicht mehr begehrt und für nichts mehr nütze, das versäumte Glück sei vertan, die gegenwärtigen Pflichten seien lästig und überfordernd, und die zu erwartenden Glückschancen neigten sich gegen Null.

Was vermag diese trübselige Einstellung zu korrigieren? Nun, es gibt ein psychologisches Gesetz, welches besagt, dass man erst dann für die Gegenwart und gegebenenfalls für neue Zielsetzungen in ihr frei ist, wenn man sich von seiner Vergangenheit *im Guten verabschiedet hat*. Wobei das Beiwort „im Guten" praktisch weggelassen werden könnte, denn eine echte Verabschiedung erfolgt ausschließlich „im Guten". Wer im Zorn auf seine Vorgeschichte zurückblickt, ist *keinesfalls* von ihr verabschiedet, sondern sogar extrem an sie gebunden. Vergangene Geschehnisse, mit denen jemand unversöhnt ist, lauern allgegenwärtig in den Schattenecken seiner Tage und kriechen bei den kleinsten Erinnerungstupfern wieder hervor, ihn umschlingend und in seelische Qualen hineinzerrend. Aus diesem Grund muss die Rückwärtsabwertung sofort aufhören, zumal es sich bei ihr um eine Art „Bilanzfälschung" handelt! Denn unsere Lebensbilanz ist nicht nach dem bekannten Buchhaltungsschema in eine Haben- und in eine Soll-Seite aufschlüsselbar, etwa nach dem Motto:

*Haben-Seite:* Was habe ich bisher vom Leben gehabt?

Antwort: Mühe, Plage, wenig Angenehmes ...

*Soll-Seite:* Was habe ich noch vom Leben zu erwarten?

Antwort: Krankheit, Einsamkeit, wenig Angenehmes ...

Das wäre in der Tat eine triste Bilanz. Der Denkfehler steckt (typisch für unseren Zeitgeist!) im *Haben*. Menschliche Lebensbilanzen spannen sich nicht zwischen dem (allzeit verlierbaren) Haben, sondern zwischen dem (in der historischen Wahrheit unverlierbaren) *Sein* und dem (im Gewissen abhörbaren) Soll auf. Man erstellt sie mit der Frage nach der Verwirklichungswürdigkeit von ergriffenen und noch zu ergreifenden Möglichkeiten, etwa nach dem Motto:

*Sein-Seite:* Was ist von mir bisher an Sinnvollem verwirklicht worden?

Antworten wie z. B.: Vollendete Ausbildung, jahrelange Ausdauer im Beruf, Konstruktion einer besseren Lagerverwaltung, abwechslungsreiche Urlaubsreisen, intensive Kontakte mit Freunden, Renovierung der Wohnung, Ansparung von Reserven ...

*Soll-Seite:* Was möchte ich noch an Sinnvollem verwirklichen?

Antworten wie z. B.: Dazulernen einer Fremdsprache, geduldige Einschulung von Kollegen, Kreuzfahrt im Mittelmeer, Erwerb eines Schrebergartens, Anbau von Biogemüse, Radtouren mit den Neffen ...

Na, das klingt doch schon weniger trist! Freilich, die Mühe und Plage der vergangenen Lebensjahre ist damit nicht ausgelöscht, aber – *sie war es* (hoffentlich) *wert*. Die Am-Gipfel-Stehenden müssen in klarer Bewusstheit die Ebene des Eingebrachten und „Eingezahlten" mit der Ebene des Gelungenen und Erreichten in Einklang bringen und, metaphorisch ausgedrückt, zu sich selbst sagen: „Diese herrliche Panoramaaussicht rechtfertigt mein Stöhnen und Schwitzen beim Aufstieg. Dieses erhebende Gefühl, adlergleich auf den Felsspitzen zu stehen, war den stundenlangen Anmarsch wert. Dieser innere Triumph, den Berg bezwungen zu haben, wird mich nie mehr verlassen und auch auf dem Heimweg noch begleiten ..." *Das* wäre die Haltung, in der man sich prächtig verabschieden und dem notwendigen Abstieg zuwenden kann.

Dagegen ließe sich einwenden, dass Menschen in der Lebensmitte oft auf schmerzliche Erlebnisse des Gescheitert-Seins und Gestrauchelt-Seins zurückschauen und dementsprechend keinerlei erhebende Gefühle verspüren. Sie gleichen jenen Bergsteigern, die sich mit wunden Knien und blutigen Blasen an den Fersen emporschleppen und Schuhe, Felsen und Wetter verfluchen. Dennoch ist alles eine Frage der Interpretation, denn auch diese Bergsteiger haben an Höhe gewonnen, haben sich trotz diverser Unbill tapfer geschlagen und können vielleicht sogar noch mehr auf sich selbst stolz sein als andere, wenn sie sich (ihr eigenes „Kreuz" tragend) dem Gipfelkreuz nähern.

Eine meiner Patientinnen schrieb ihre Lebensbilanz komplett um, nachdem wir diese gemeinsam beleuchtet hatten. Ihre **erste Version** hatte folgendermaßen gelautet:

„Meiner Mutter war ich von Anfang an im Weg. Sie hätte mich am liebsten abgetrieben, aber als sie mein Dasein bemerkte, war es dafür schon zu spät. Als sie dann nach meiner Geburt auch noch erfuhr, dass ich aufgrund einer nicht ganz geschlossenen Fontanelle am Kopf ein spastisches Problemkind sein würde, kapitulierte sie und übergab mich Pflegeeltern, die mich aufzogen. Ich durchlief die Schule im Wissen, dass meine Mitschüler gesund, ich hingegen behindert war. Man nahm zwar Rücksicht auf mich, trotzdem war ich immer der Klotz am Bein von gnädigen Personen, die mich aus purem Mitleid irgendwohin mitnahmen.

Die Ausbildung zur Kindergärtnerin und später zur Hortleiterin musste ich mir hart erkämpfen, weil wohlwollende Vorgesetzte ständig prognostizierten, ich werde mit diesem Beruf total überfordert sein. Wahrscheinlich hielten sie mich mit meinem leichten Zittern und meinem unsicheren Gang für eine Zumutung für die Kinder, was sie taktvoll verschwiegen. Deshalb durfte ich mir nie eine Panne leisten, nie eine Blöße geben, sonst hätte man mich sofort meiner verantwortungsvollen Position enthoben.

Dass sich ein Mann in mich verliebte, überrumpelte mich völlig. Darauf hatte ich nie zu hoffen gewagt. Es war wie ein Glücksrausch, der mich überkam und blendete. Ich sah seine Arbeitsscheu nicht, seine Faulheit oder kalte Berechnung, was es auch war. Jedenfalls verdiente ich das Geld für uns beide, führte den Haushalt für uns beide und bettelte mit kleinen Geschenken um seine Zärtlichkeiten. Als ich an Brustkrebs erkrankte und meine Brüste amputiert werden mussten, verschwand er aus meinem Leben. Jetzt bin ich frühpensioniert, alleinstehend und voller Angst vor jeder ärztlichen Kontrolluntersuchung. Meine Rente reicht knapp für das Nötigste. Die Hortkinder fehlen mir; ich mochte sie gern, auch wenn sie mitunter aufsässig waren und hässliche Worte gebrauchten. Sie taten mir leid. Viele von ihnen waren ‚Ausgestoßene' wie ich."

Diese Aufzeichnung geht einem unter die Haut, und es wäre geschmacklos, sie mit einer „rosa Brille" auf der Nase zu beschönigen. Das durchlittene Leid meiner Patientin ist ernst zu nehmen. Dennoch entwarf sie gemeinsam mit mir eine **zweite Version** ihrer Lebensbilanz, in der bisher verhüllte, aber ebenfalls korrekte „Anteile" ihrer Geschichte zum Vorschein kamen:

„Meine Mutter wollte in einer bestimmten Lebensphase nicht schwanger werden, wofür sie zweifellos ihre Gründe hatte. Es ist legitim, wenn eine Frau nicht jederzeit und bedingungslos einen Kinderwunsch hegt. So standen damals die Chancen, dass ich jemals das Licht der Welt erblicken würde, schlecht. Sie standen zusätzlich schlecht, weil meine Mutter im Fall einer unerwünschten Schwangerschaft zur Abtreibung bereit war, und dieser Eingriff innerhalb der ersten drei Monate gesetzlich erlaubt war. Doch siehe: ein Schutzengel hat mich zur Erde getragen und über mir gewacht. Er hat sogar dafür gesorgt, dass ich bei ‚Eltern' aufwachsen durfte, die mich wirklich liebten, was meiner Mutter schwergefallen wäre. Dafür musste ich allerdings einen kleinen körperlichen Defekt in Kauf nehmen, ohne den meine Mutter mich vermutlich (ungern, aber doch) behalten hätte.

Es war ein großes Verdienst von mir, die Normalschule problemlos zu durchlaufen. Dass sich manche Lehrer, vor allem aber Mitschüler von mir ein bisschen um mich kümmern mussten, hat ihnen sicher nicht geschadet; ich glaube sogar, dass es ihr Verständnis für gehandikapte Personen erhöht hat, was wiederum anderen zugutekommen wird. Besonders stolz aber bin ich darauf, dass ich die Ausbildungen zur Kindergärtnerin und Hortleiterin erfolgreich abgeschlossen habe, und dies unter schwierigen Bedingungen. Es ist in Ordnung, dass manche Personen, die mich kannten, sich besorgt äußerten, ob ich mich damit nicht übernähme. Das hat mich nur angespornt, mein Bestes zu geben, und tatsächlich ist mir später auf meinem verantwortungsvollen Posten nie eine gravierende Panne passiert. Im Gegenteil: Die Kinder spürten, dass ich selbst die hartgesottenen Bengel unter ihnen noch mochte, und hingen an mir. Welch eine

Gnade wurde mir zuteil, viele Jahre lang einen Beruf ausüben zu können, der mich von Herzen freute!

Noch ein zweites, wenngleich kürzeres Geschenk hielt das Leben für mich bereit. Ein Geschenk, mit dem ich gar nicht gerechnet hatte, nämlich das Werben eines Mannes um mich. Es hätte eine Dimension aufwühlender und packender Erlebnisse in meinem Leben gefehlt, wäre ich diesem Mann nicht begegnet. Es wäre gewesen, wie wenn in einem Orchesterstück die ganz hohen und ganz tiefen Töne ausgefiltert worden wären und dauernd nur die Mittellage erklänge. So jedoch habe ich die volle Bandbreite fraulicher Gefühle kennenlernen dürfen. Ich durfte seine streichelnden Hände genießen, seinen Versprechungen lauschen, mich über seine Trägheit ärgern und seinen Weggang betrauern. Darüber hinaus erhielt ich eine wichtige Lektion, die ich mir gut merken werde: Lass dich nicht ausnützen, unterstütze keine Untugenden, und gib dich kostbar, denn *du bist kostbar*. Bin ich es – ohne Wenn und Aber? Die nächste Lektion kam schnell: Ja, du bist es, mit oder ohne Brüste ...

Die Ärzte sagten mir, die Krebserkrankung sei bei mir früh genug entdeckt worden, wodurch eine restlose Genesung wahrscheinlich sei. Danke, lieber Schutzengel, du bist immer noch bei mir. Danke auch, dass ich in einer Zeit lebe, in der die Medizin schon so vieles heilen kann, woran man noch vor 50 Jahren gestorben ist, und dass ich trotz meiner geringen finanziellen Mittel in ein Kontrollnetz eingebettet bin, das mir ein Maximum an Sicherheit bietet. Am Ende wartet doch noch ein beachtliches Stück Zukunft auf mich? Ich will es nicht mit Ängsten füllen, aber womit soll ich es füllen, nachdem ich nun nicht mehr im Hort tätig bin?"

# Die guten Gaben
# der Dankbarkeit

Die umgeschriebene Version ihrer „Lebensbilanz"
ermöglichte meiner Patientin eine gute Verabschiedung von ihrer Lebensvergangenheit, und das
bedeutete, dass sie jetzt frei war für ihre Zukunft.

Rekapitulieren wir kurz, was die „Umschreibkrite-
rien" gewesen sind, damit der Leser sie im Bedarfsfall
auf sich selbst zuschneiden kann:

1. In die Bilanzziehung ist die *Seinsebene* eingeführt
worden. Was ist der Frau Anerkennenswertes gelungen? Eine Menge! Bravo! Was ist ihr an Erlebnissen
zugefallen? Auch eine Menge! Ein reiches Leben, fürwahr. Der Gipfel, den sie bestiegen hat, ist hoch, die
Wände, die sie hinaufgeklettert ist, waren teilweise
extrem steil. Mit Genugtuung kann sie zurückblicken
und sich am Geleisteten freuen. Niemand nimmt es
ihr mehr weg, niemand kann es aus ihrer Lebensge-

schichte herausschneiden. Der erstürmte Gipfel ist ewig *ihrer*, auch wenn sie ihn im irdischen Leben wieder verlassen wird – in den Speichern der unendlichen Wahrheit ist alles Gewesene aufgehoben und geborgen: ihre Tapferkeit, ihr Fleiß, ihr Altruismus, ihr Einsatz für die Kinder usf.

2. In die Bilanzziehung ist die *Dankbarkeit* eingeführt worden. Hat eine arme Frau wie sie denn Grund zur Dankbarkeit? Jede Menge, wie sich herausstellt. Wie Schuppen fällt es ihr von den Augen: Nichts ist selbstverständlich, und auf nichts gibt es einen Anspruch, nicht einmal darauf, gezeugt und geboren zu werden. Alles ist Geschenk. Alles ist Lehen, Leihgabe auf Zeit. Alles hätte unendlich viel schlimmer und hoffnungsloser sein können, als es war. Die rettenden und bergenden Elemente in ihrem Leben haben sich immer wieder verdichtet, um sie vor dem Untergang zu bewahren. Und selbst die schmerzlichen Erfahrungen, die diese Frau hat machen müssen, haben sie in ihrem Werdegang gestärkt und an Erkenntnissen zugewinnen lassen.

3. In die Bilanzziehung ist die *Versöhnlichkeit* eingeführt worden. Sind andere Menschen an dieser Frau schuldig geworden? Bis zu einem gewissen Grad ja. Doch wer kennt schon die Hintergründe und Umstände, unter denen jene anderen gehandelt haben? Wer „durchschaut" sie, wer kann ihre geheimsten Motive im Nachhinein beurteilen? Und: Wer wirft

„den ersten Stein"? Die Frau jedenfalls hat die schweren „Steine" endgültig aus der Hand gelegt. Sie wirft sie nicht, sie trägt sie nicht mehr nach, sie schleppt sie nicht mehr in ihrem Lebensgepäck mit sich herum. Es wird leicht um sie. Mögen sich die anderen vor einem göttlichen Richter verantworten, das ist *deren* Angelegenheit. Die Frau ist frei! Milde und Güte lösen die Bande des Hasses und befreien zu sich selbst.

In jeder Hinsicht „freigeworden", konnte meine Patientin damit beginnen, sinnvolle Pläne für den bevorstehenden Lebensabschnitt zu schmieden. Sie tat es mit Begeisterung. Ein wichtiger Anknüpfungspunkt schien mir der Satz „Die Hortkinder fehlen mir" (aus der ersten Bilanzversion) bzw. der Satz „Die Kinder spürten, dass ich sie mochte" (aus der zweiten Bilanzversion) zu sein. Ein solch herrliches Liebespotenzial sollte nicht vergeudet werden! Aber in welcher Form konnte es fruchtbar werden? (Man sieht, wir sannen dem Soll nach, nachdem das Sein positiv abgelegt worden war.)

Bald jonglierte die Patientin mit konkreten Betätigungsmöglichkeiten, die sie hatte, wie ein Artist im Zirkus, wobei sie eine davon besonders oft „hoch warf und wieder auffing", nämlich die Möglichkeit, eine private Hausaufgabenbetreuung mit gezielter Rechtschreib- und Rechenförderung anzubieten. In diesen beiden Fächern fühlte sie sich geradezu als Expertin. Sie erzählte mir, dass es unbeliebte Fächer wären, weil die Volks- und Hauptschulkinder alles andere lieber übten als Diktate und mathematische Aufgaben, dass es zugleich aber wichtige Aufbaufächer für die spätere schulische und berufliche Laufbahn wären, an denen niemand vorbeikomme. Sie hatte recht, selbst im Zeitalter der Rechencomputer und SMS-Nachrichten ist es vorteilhaft, wenn man das Einmaleins flott im Kopf hat und einen grammatikalisch einwandfreien Satz zu Papier bringen kann. Meine Patientin hatte sich längst schon eigene Methoden ausgedacht, um die Nachhilfe in diesen beiden Fächern attraktiv zu gestalten, und beschloss nun, dieses Wissen weiterhin, wenn auch daheim an ihrem Küchentisch, für lernschwache Kinder zur Verfügung zu stellen. Das würde ihr Freude machen, zugleich ihr Haushaltsgeld aufbessern und manche Familie in ihrem Umkreis von einer großen Sorge entlasten.

Eine zweite Möglichkeit wurde ebenfalls ins Auge gefasst. Die nächstgelegene Spastiker-Selbsthilfegruppe war neun Bahnstationen von ihr entfernt und erforderte ein zweimaliges Umsteigen. Dorthin zu gelangen, fiel ihr in den kalten, dunklen Wintermonaten schwer. Wir überlegten, ob es noch mehr Betroffene gab, für die diese Gruppe zu weit entfernt war. Sie bejahte dies, was die Idee in ihr aufkeimen ließ, selbst eine kleine Außengruppe am Ort zu gründen. Ich ermutigte sie, nach potenziellen Teilnehmern zu fahnden, und als sich herausstellte, dass rund ein Dutzend Personen Interesse an solchen Meetings bekundete, wagte sie den ersten Schritt und lud Angehörige und Kranke zur Eröffnungsfeier ein. Es kam sogar der örtliche Bürgermeister zur Feier und lobte ihre Initiative vor den anwesenden Presseleuten, was sie vor Rührung fast überwältigte.

Jahre später hörte ich, dass sich ihre Selbsthilfegruppe zu einem bekannten Anziehungspunkt für Behinderte aller Art entwickelt hatte, und dass es ein beachtlicher Schwerpunkt ihres segensreichen Wirkens geworden war, jeden Hilfesuchenden körperlich und geistig mobil zu halten: körperlich durch Sonderverträge mit Firmen, die kostenverträgliche Spezialfahrzeuge herstellen, und geistig durch Schulungen im „Umschreiben von einseitigen Lebensbilanzen", in denen der Hader mit dem düsteren Schicksal die Zufriedenheit mit dem gnädigen Schicksal zu verdrängen droht.

Ich hoffe, mit dieser Fallgeschichte gezeigt zu haben, dass man nicht einmal unter miserablen Lebensbedingungen in eine Midlife-Crisis hineinrutschen muss, schon gar nicht, wenn man in voller Kraft und Blüte am Gipfel seiner Karriere steht – freilich mit der Aussicht, dass sich die künftigen Wege langsam talwärts neigen werden. Jedoch: Es wandert sich nicht schlecht bergab, vorausgesetzt, die Dankbarkeit wandert mit. Wer sie an seiner Seite hat, ist ein Glückspilz!

Die *Dankbarkeit* ist es, die nicht nur Abschiede, sondern auch Abstiege leicht macht. Es geht sich vergnügt im Wissen, den Berg bezwungen zu haben, oben gewesen zu sein, dort, wo sich Himmel und Erde begegnen, dort, wo Winde und Stürme einem um die Ohren sausen und zuraunen: „Du hast es geschafft!" Es geht sich federnden Schrittes im Wissen, dass keine Macht der Erde und des Himmels einem das Am-Gipfel-gestanden-Haben mehr absprechen kann, dass es keine übergroße Schere gibt, die das Geleistete je aus dem Lebenslauf herausschneiden könnte, ähnlich wie Szenen aus einem Film geschnitten werden. Nein, unser „Lebensfilm" ist für Scheren tabu, zumindest sein bereits „belichteter Teil" (denn wir haben ja noch einen „unbelichteten Teil" unbekannter Länge vor uns). Er ruht geschützt in den Archiven der unendlichen Wahrheit, an der kein Mensch und kein Gott jemals rütteln werden. Ein tröstlicher Gedanke.

Und um wie viel einfacher geht es sich noch dazu bergab, als man einst bergauf gestapft ist! Warum? Na, die Schwerkraft hilft doch mit! Jene Kraft, die beim Aufstieg unser Kontrahent war, uns die Beine mit Blei gefüllt hat, das Herz rasen und die Glieder vor Müdigkeit hat schlottern lassen, ist beim Bergabwandern plötzlich unser Hilfsmotor und Friedensstifter. Aufs Leben übertragen besagt das Gleichnis, dass Menschen an und über ihrer Lebensmitte von Fähigkeiten und Kenntnissen profitieren, die sie sich in Tausenden Übungsstunden erarbeitet haben, und dass sie von Freunden und Bekannten geleitet werden, mit denen sie inzwischen ein solides Beziehungsband verbindet. Von Ausnahmefällen abgesehen, steigt keiner total allein ab, denn jeder ist in ein Stück Welt integriert, aus dem er mit dem Älterwerden nicht herausfällt, sondern in das er eher noch tiefer „hineinfällt". Vorausgesetzt natürlich, dass seine Dankbarkeit die entscheidenden Weichen dafür stellt. Die Dankbarkeit für die erworbenen Fähigkeiten setzt seine Bereitschaft in Gang, diese noch weiterhin zu nützen (siehe die Nachhilfestunden meiner Patientin), und die Dankbarkeit für vorhandene Freunde und Bekannten weckt den Wunsch, mit ihnen gemeinsam oder für sie etwas zu tun (siehe die neue Selbsthilfegruppe meiner Patientin).

Immer wieder wird dagegengehalten, dass die Gründe zur Dankbarkeit in der bitteren Realität rar seien. Das ist eine „optische Täuschung" der Seele, die zwar Fakten, aber nicht deren volle Bedeutung wahrnimmt. Ein Faktum hat, für sich genommen, seinen eigenen Annehmlichkeitsrang auf einer Skala zwischen „angenehm" und „unangenehm". Daraus lässt sich aber nicht auf eine „höherrangige" *Bedeutung* des Faktums schließen. Auch kochendes Wasser ist „unangenehm heiß", wenn man es bloß auf jener Skala einordnen wollte, und dennoch ist es für vielerlei Zwecke unverzichtbar. Ähnlich sind Unannehmlichkeiten des Lebens in vielerlei Hinsicht wichtig: als Lehrmeister, Bewährungsproben oder sogar als Voraussetzung für Glücksmomente, die ohne „Kontraste" nicht erlebbar wären. Schließlich freut man sich über die ersten zarten Sonnenstrahlen in einem schneeverregneten März anders als über den Sonnensegen in einem hitzeflimmernden August. Die Einsteinsche Weisheit, dass alles relativ ist, gilt insbesondere für die „nackten Fakten" aus unserer Lebensgeschichte, weshalb wir immer wieder aufgerufen sind, unsere inneren Wahrnehmungsorgane dafür zu schärfen, welche *Bedeutung* jene Fakten in übergeordneten Sinnzusammenhängen haben könnten. Recht witzig ist dies im nachstehenden Gedicht von Jörg-Uwe Finze zum Ausdruck gebracht worden:

*Ich sollte dankbar registrieren*

*dass mein Kind das Zimmer nicht aufräumt*
*und stattdessen Fernsehen schaut, weil es bedeutet,*
*dass es zu Hause und nicht auf der Straße ist,*

*dass ich Steuern zahlen muss,*
*weil es bedeutet, dass ich einen Job habe,*

*dass ich die Unordnung nach einer Party beseitigen muss,*
*weil es bedeutet, dass ich von Freunden umgeben war,*

*dass mir die Kleider wieder einmal zu eng geworden sind,*
*weil es bedeutet, dass ich genug zu essen habe,*

*dass ich Teppiche saugen und Fenster putzen muss,*
*weil es bedeutet, dass ich ein Zuhause habe,*

*dass ich mich über die Regierung beschweren muss,*
*weil es bedeutet, dass wir Redefreiheit haben,*

*dass ich keinen Parkplatz finde,*
*weil es bedeutet, dass ich ein Auto habe,*

*dass die Heizkosten so hoch sind,*
*weil es bedeutet, das ich es warm habe,*

*dass in der Kirche die Frau hinter mir so falsch singt,*
*weil es bedeutet, dass ich hören kann,*

*dass ich Wäsche waschen und bügeln muss,*
*weil es bedeutet, dass ich Kleider besitze,*

*dass ich nach einem harten Arbeitstag Muskelkater habe,*
*weil es bedeutet, dass es mir möglich ist, hart zu arbeiten,*

*dass mich der Wecker morgens aus meinen Träumen reißt,*
*weil es bedeutet, dass ich am Leben bin.*

# Zwei Tipps für „junge Alte"

Der sanft beginnende Abstieg der mittleren Jahrgänge ist also leicht. Die beim Aufstieg mühsam eroberten und jetzt ins Licht der Dankbarkeit getauchten Fähigkeiten und Freunde wandern mit. Was macht es schon aus, wenn am Arbeitsplatz Jüngere nachdrängen, mit modernem Know-how um sich werfend, mit eleganten Techniken prahlend, veraltete Strukturen belächelnd, vor Vitalität und Ehrgeiz schäumend und nach Machtpositionen strebend? Wer wollte es ihnen übel nehmen – sie keuchen doch noch bergauf und müssen sich gegen die „Schwerkraft" behaupten, die sie vor dem Gipfel zurückhält. Die anderen (die „Gruftis" in der übermütigen Diktion der Jugend), die allmählich vom Gipfel weichen, können *auch* lächeln, nicht verächtlich, sondern zufrieden. Was sie alles „unter Dach und Fach" gebracht haben! Prima! Gut verabschiedet, sind sie bereit für die kommenden Lebensabschnitte und können mit Neugier in die Zukunft ausschreiten. Wobei es gleich die erste Rutschpartie zu umtänzeln gilt, die da lautet: „Was wird mir die Zukunft bringen?" Auf falsch gestellte Frage gibt es nur falsche Antworten. Umgedreht wäre die Frage wesentlich effektiver: „Was will *ich* in die Zukunft einbringen?" Ja, was?

Das Pflichtenkorsett ist noch nicht abgelegt, nur gelockert. Man wird also noch Zeit und Kraft in berufliche und familiäre Belange investieren müssen, aber optimalerweise schrumpft das dafür benötigte Zeit- und Kraftinvestment stärker, als es die vorhandenen Zeit- und Kraftressourcen der betreffenden Person (altersbedingt) tun. Das heißt: *Zeit- und Kraftressourcen werden sukzessive frei!* Nur Dummköpfe warten bis zu ihrer Berentung, um darüber nachzudenken, was danach ihre Freude und Leidenschaft sein soll. Nein, diese kostbare Chance, die eine immense Errungenschaft der menschlichen Kultur ist, nämlich dass man noch einmal fast wie als junger Mensch *die Wahl* hat, dass man unter unzählig vielen Wissensgebieten, Sparten, Künsten, Betätigungen, Sportarten und sonstigen Engagementbereichen wählen darf, was für einen selber passt, will achtsam vorbereitet und festen Willens ergriffen werden, denn für Halbheiten ist die Lebensuhr schon zu weit vorgerückt. Der vom Gipfel Absteigende hat die Wahl zwischen vielen Wegen, die sämtlich zum Tal führen, aber eben von unterschiedlicher Poesie und Wildheit sind. Manche laufen an rauschenden Bächen vorbei, gelegentlich durch eine steile Klamm, andere über eine duftende Heidelandschaft oder durch zauberhaft umrankte Märchenwälder, noch andere an Steilabhängen entlang oder in gemächlichen Windungen, neben riesigem Farnkraut und unter Holunderbüschen hindurch ... – da lohnt es sich, rechtzeitig Landkarten zu studieren und Orientierungstafeln zu suchen. Analog lohnt es sich im Leben, Projekte für die allmählich frei werdenden Zeit- und Kraftressourcen zu entwerfen und diese imaginativ „vorzukosten", um beizeiten eine Ahnung davon zu haben, wie sie im Ernstfall „schmecken" könnten. Zwei Tipps sollen diesen Suchprozess erleichtern.

## Tipp Nr. 1:

**Man prüfe, ob Wertbezüge im eigenen Herzen schlummern, die in der hektischen Epoche des Gipfelstürmens zurückstehen mussten, weil einfach kein Raum für sie war.**

Erwachsen sein heißt stets: gezwungen zu sein, sich zwischen Alternativen zu entscheiden. Das wiederum heißt: gezwungen zu sein, eine Reihe von Alternativen, darunter auch favorisierte, bewusst wegzulegen. Ist man daher lang genug erwachsen gewesen, hat man schon viel Schönes (freiwillig) weglegen, aufgeben und entbehren müssen. Das ist nicht weiter tragisch, denn jedes Schöne ist weggelegt, aufgegeben und entbehrt worden zugunsten einer Alternative, die man (hoffentlich mit guten Gründen) bevorzugt hat. Wer sich darüber beschwert, ist ein Narr! Er untergräbt seine eigenen Entscheidungen, was eine der am wenigsten zuträglichen Rückwärtsabwertungen darstellt.

Mir ist aus meiner Praxis eine hochbegabte Architektin bekannt, die einen ebenfalls tüchtigen Architekten geheiratet hat. Es kamen vier Kinder zur Welt. Die Architektin gab ihren Beruf auf und kümmerte sich vorbildlich um die Kinder, ihr Mann machte Karriere. Nicht dass er kein liebevoller Vater gewesen wäre, aber natürlich erforderte seine Karriere ihren Tribut in Form von ständigen Dienstreisen zwecks Kundenbetreuung, von Teambesprechungen und endlosem Zeichnen von Bauplänen. Als er den ersten Preis in einem Auftragswettbewerb gewann und entsprechend gefeiert wurde, steigerte sich seine Frau in einen Weinkrampf hinein. Sie erklärte ihr Leben für „verpfuscht", weil sie beruflich „auf der Strecke geblieben" sei, kaum Aussichten für einen Wiedereinstieg sah, als „Nur-Hausmütterchen" ihr Studium umsonst absolviert habe und neben ihrem „tollen Mann" ein kümmerliches Schattendasein zu führen glaubte. Als ihr Ehemann sie etwas linkisch zu beschwichtigen versuchte, bekam er ein Gemisch aus Hass, Bitterkeit und Neid ins Gesicht geschleudert, das ihn veranlasste, zu ihr auf Abstand zu gehen und sich noch intensiver seiner Arbeit zu widmen, in der er ja angesehen und erfolgreich war, was freilich seine Frau noch tiefer in ihre seelische Krise hineinschob. Ein spiralförmiger „Teufelskreis" lief an, von gegenseitigem Unverständnis genährt und auf ein handfestes Ehemalheur zudriftend.

Nun besteht tatsächlich ein gewisses Ungleichgewicht zwischen Mann und Frau in Bezug auf die Kinderobsorge, aber daran ist weder eine Einzelperson noch die Gesellschaft schuld, sondern, wenn man so will, die Natur, die speziell den Müttern die Verantwortung für ihren Nachwuchs ans Herz gelegt hat, weil die Jüngsten – je jünger sie sind, umso mehr – eben anwesende und nicht abwesende Mütter brauchen. Die Väter sind deswegen nicht von ihrer Mitverantwortung dispensiert, aber da jemand die Familie auch wirtschaftlich sichern muss, hat es sich bewährt, wenn sie einer geregelten Arbeit nachkommen. Es sind durchaus Modelle denkbar, in denen die Eltern diese Rollen tauschen oder auf andere Art zwischen sich aufteilen, aber das Prinzip ist damit nicht aus den Angeln zu kippen: Es muss für die Pflege des Nachwuchses *und* für den Lebensunterhalt gesorgt werden, und beides ist von einer Person allein schwer leistbar, wie wir von den alleinerziehenden Elternteilen wissen.

Im beschriebenen Fall hatte sich die Architektin einst entschlossen, zu heiraten und vier Kindern das Leben zu schenken, was sie nicht hätte tun müssen. Sie hatte sich ferner entschlossen, um der Kinder willen auf ihre berufliche Laufbahn zu verzichten und stattdessen ihren Kindern ein gemütliches Zuhause zu bieten, damit diese nicht verwahrlosen oder ähnlichen Schaden erleiden. Man kann nur sagen: „Alle Achtung!" In der heutigen Zeit ist das ein „Liebesakt" sondergleichen. Zum Glück war er in ihrem Fall mit keiner großen Einbuße an Luxus und Wohlstand verbunden (was ein solcher „Liebesakt" für ärmere Familien unweigerlich bedeutet), weil ihr Mann gut verdiente. Aber ohne Fleiß kein Preis: Auch er bekam das Geld, das er nach Hause brachte, nicht geschenkt, sondern musste sich dafür redlich abrackern. Man hätte ihm ganz genauso wie ihr „Alle Achtung!" zurufen können. Man hätte beiden Personen in ehrlicher Anerkennung auf die Schultern klopfen können, denn beide vollbrachten Enormes von überdurchschnittlicher Qualität. Das Übel war nur, dass sie es nicht würdigten und schon gar nicht gegenseitig würdigten.

Um den angelaufenen „Teufelskreis" in einen „Engelskreis" umzuwandeln, bedurfte es folglich einer Einstellungskorrektur bei beiden Eheleuten in Bezug auf menschliche Leistungen sowie einer nachträglichen Zustimmung der Frau zu ihrer eigenen früher getroffenen Entscheidung. Beide Eheleute hatten zu begreifen, dass es eine mindestens so wertvolle und anstrengende Arbeit ist, vier Kinder zu gesunden und lebenslustigen Menschen zu erziehen, wie es wertvoll und anstrengend ist, Baupläne für wohnliche Häuser zu entwerfen. Eines steht dem anderen im Range nicht nach, auch wenn Mütter selten erste Preise bei Wettbewerben gewinnen, was man aber dadurch kompensieren kann, dass man sie „familienintern" ehrt, und dies nicht bloß am Muttertag. Die Ehefrau hatte überdies ihre Rückwärtsabwertung zu annullieren und sich zu ihrer eigenen einstigen Entscheidung zu bekennen. Sie hatte die Kinderbetreuung gewählt (und nicht die Karriere) und also durchgeführt. Das war sinnvoll und in Ordnung. Jetzt musste sie lernen, jenen Personen (allen voran ihrem Mann), die im Unterschied zu ihr im Berufsleben standen, das Berufsleben zu gönnen und sich nicht mit ihnen zu vergleichen. Sie musste lernen, sich und ihren Partner als ein perfektes Team zu betrachten, das seine und der Kinder Existenz zum Gelingen der kleinen Gemeinschaft managte und sich froh schätzen durfte, dass diese gemeinsame Unternehmung bisher pannenfrei gediehen war.

Zur Krönung ihrer beider Wandlung bekam jeder noch eine Sonderaufgabe von mir. Der Ehemann sollte den inneren Abstand zu seiner Frau wieder verringern und ein bisschen mehr mit ihr „teilen": sowohl seine fachlichen Projekte, die er gerade bearbeitete (was sie als Fachfrau interessieren mochte), als auch ihre häuslich-pädagogischen Funktionen, bei denen er ihr wenigstens Kleinigkeiten abnehmen konnte. Die Ehefrau sollte sich nur zu *einem* durchringen, allerdings zu etwas sehr Noblem und gleichzeitig verflixt Schwierigem, nämlich zur *Mitfreude* am Erfolg ihres Mannes. Wie die Dankbarkeit, so ist auch die Mitfreude ein wahres Himmelskind. Wo sie sich ausbreitet, beginnen Menschen von innen heraus zu strahlen, heller noch, als wenn sie voller Vorfreude

wären, die laut Volksmund zur schönsten Freuden-
form zählt. Die Mitfreude tilgt Habgier, Neid und Eifersucht, glättet die Wogen des Zorns und wischt die
Trauer vom Antlitz der Sehnsucht. Wer sich am Glück
anderer mitfreuen kann, wird niemals einem eigenen
Unglück völlig preisgegeben sein.

Verbinden wir diese kasuistische Geschichte mit unserem *Tipp Nr. 1*:

Ich erwähnte, dass fast jeder, der sich auf dem Pla-
teau seiner Lebensmitte oder knapp darüber befindet, an manches zurückdenken mag, das wunder-
schön gewesen *wäre*, doch im Zuge einer einstigen
Entscheidungsfindung von ihm „abgewählt" worden
ist. Niemand kann alle seine Wünsche unter einen
Hut bringen, dafür sind unsere „Hüte" einfach zu
klein. Trotzdem sollte aus solchen Entscheidungs-
findungen ein klares Ja zum Gewählten resultieren,
mitsamt einem protestfreien Durchtragen der Konse-
quenzen. Wer das nicht schafft, kann mitunter seine
Entscheidung noch revidieren, oft aber auch nicht
mehr, was dann in ein „endloses Nachweinen" ein-
mündet. *Tipp Nr. 1* hat dazu einen besseren Vorschlag.
Jenseits des Plateaus der Lebensmitte wartet ja die
Phase der allmählich frei werdenden Zeit- und Kraftressourcen. Zum Beispiel werden die Kinder besagter
Architektin allmählich reifer und selbstständiger
werden. Das Büro ihres Mannes wird genug Geld für
eine Haushaltshilfe abwerfen. Und in ihrer Seele
schlummert nach wie vor unversehrt ein Wertbezug

zur architektonischen Kunst. Was ergibt sich daraus? Wiederum hat der Mensch die Wahl, darunter zwei attraktive Variationen: er kann 1. an einer späten „Quasierfüllung" eines Lebenstraumes basteln oder sich 2. mit einer absolut neuen Materie beschäftigen, was beides seinen Reiz und seine Hürde hat.

### Die späte „Quasi-Erfüllung"

Der *Reiz* der späten „Quasi-Erfüllung" ist ungemein. Ich habe es selbst ausprobiert und kann es jedermann empfehlen. Da der Leser bereits mit meiner kärglich-reichen Kindheit vertraut ist, sei ihm über eine Renaissance schlummernder Wertbezüge aus jenen Tagen, die mir nach 45 Jahren (!) möglich wurde, berichtet.

Als ich 16 Jahre alt war, endete nämlich mein geliebter Klavierunterricht, weil ich auf das Wiener Konservatorium hätte wechseln sollen, was für meine damaligen Verhältnisse unbezahlbar war. Es hätte dennoch nicht das Aus meiner pianistischen Vergnügungen zu sein brauchen, denn nach meinem Abitur hätte ich durchaus entscheiden können, zu jobben, um ein Klavierstudium zu finanzieren. Ich entschied mich anders, nämlich für ein Psychologiestudium, und habe es nie bereut. Mein Klavier verstummte, denn die Herausforderungen des Lebens kamen Schlag auf Schlag (Pflege meiner schwerkranken Mutter, Erziehung meines kleinen Sohnes, Umzug nach Deutschland, Leitung einer Erziehungs- und

Familienberatungsstelle, Eröffnung eines Wissenschaftsinstituts, Habilitation, Lehraufträge im In- und Ausland etc.). Als ich 61 Jahre alt war, stand ich mit „wehenden Fahnen" am Gipfel meiner beruflichen Entwicklung. Vielleicht hätte ich mich auf diesem Gipfelplateau noch eine Weile aufhalten können, aber mich lockte der Abstieg mit seinen faszinierenden Optionen. Ich beendet mein psychotherapeutisches Wirken, verneigte mich in Dankbarkeit vor dem Schöpfer, der mir so viel Gnade gewährt hatte, übergab das Wissenschaftsinstitut einem Nachfolger, kehrte in meine österreichische Heimat zurück und – begann ein privates Klavierstudium. Ich bin unendlich glücklich.

Was ist nun die *Hürde* der „Quasi-Erfüllung" eines Lebenstraumes? Auch das will ich gern an meinem Beispiel offenbaren. Wenn man sich nach 45 Jahren mit steifen und kraftlosen Fingern ans Klavier setzt und in Erinnerung hat, wie flott man einst über die Tasten galoppiert ist, wenn man kaum mehr die Noten lesen kann und weiß, welches Repertoire man einst fehlerlos hat spielen können, dann meldet sich zunächst ein bohrender Schmerz in der Seele. Nun, den kostet es eben. Irgendwie fängt man wieder von vorne an. Man übt nicht nur Klavierstückchen, man übt sich in Bescheidenheit und Demut ein, und das ist bei jedem Genre so.

Wollte besagte Architektin nach zwanzig Jahren Unterbrechung damit anfangen, halbtags im Büro ihres Mannes zu voluntieren, würde sie sich erst einmal verzweifelt mit den Tücken der Computergrafik herumschlagen, ehe sie einen Entwurf zustande brächte ..., der sich höchstwahrscheinlich als unbrauchbar erweisen würde. Sie, die intelligente, hochbegabte Akademikerin, würde sich das Schmunzeln der Sekretärinnen zuziehen ... Über diese Hürde muss man springen, wenn man lang schlummernde Wertbezüge reanimieren will, doch jenseits dieser Hürde wohnt ein unbeschreibliches Sinnerlebnis, das den bohrenden Schmerz der Seele hundertfach aufwiegt.

Die Hürde bei der Wiedererweckung schlummernder Wertbezüge ist also die simple Tatsache, dass man an das Ende des alten Fadens nicht anknüpfen kann. Insofern ist auch jeder alte Lebenstraum zu aktualisieren und einer Neukreation zuzuführen. Man erwacht sozusagen aus dem Schlaftraum und träumt ihn als Wachtraum anders weiter, setzt ihn an die gegenwärtige Situation angepasst fort. Man zupft die Illusionen, die infantilen Eierschalen gleich am Schlaftraum kleben, weg, frischt die Gedächtnisspuren, die ihm verhaftet sind, fleißig auf, und scheut sich nicht, in die Gefilde unterhalb des eigenen ehemaligen Kompetenzniveaus abzutauchen. Was hat einer, der bereits am Gipfel gestanden hat, denn zu verlieren? Wem muss er noch imponieren, vor wem muss er sich profilieren? Beim Abstieg braucht man sich um Prestigefragen nicht mehr zu kümmern, da darf die reine Freude am Wertbezug dominieren.

## Beschäftigung mit neuer Materie

Personen, denen die zweite Variante sympathischer ist, nämlich sich bei Ausdehnung ihrer Zeit- und Kraftressourcen mit ihnen fremder, *neuer Materie* zu beschäftigen, holen jenes Neue natürlich auch nicht aus dem Nichts. Meistens handelt es sich ebenfalls um zarte Wertvorstellungen, die schon irgendwann einmal durch ihre Träume gegeistert sind und sich jetzt zu innovativen Ideenblitzen verdichten. Mir ist ein Mann bekannt, der als Major in zwei Weltkriegen gedient hat und mit 70 Jahren darangegangen ist, in einem Schrebergarten einige Hühner zu züchten. Er war schon als Kind gern auf Bauernhöfen gewesen und hatte insbesondere ein Faible für das Federvieh gehabt, hatte in seinem bewegten Leben jedoch nie die Gelegenheit gefunden, Tiere zu halten. Als er mit 70 seine Minihühnerfarm startete, staunten seine Bekannten nicht wenig, mussten aber bald zugeben, dass dies geradezu eine Verjüngungskur für den alten Major war. Er baute kleine Ställe mit automatisch sich öffnenden Schlupflöchern, Futterschüsseln, die sich selbsttätig nachfüllten und dergleichen mehr und war – selig.

Was ist nun die *Hürde* bei der Beschäftigung mit neuer Materie? Na ja, das Gehirn des von der Lebensmitte absteigenden Menschen wird schlapper. Es kann zwar noch bestens, was es jahrzehntelang trainiert hat, aber sich auf untrainiertem Gelände zu be-

123

wegen und unvertrauten Stoff zu verarbeiten, fällt ihm zunehmend schwer. Beispielsweise ist schon ab 40 Jahren das Erlernen einer Fremdsprache ein Problem, außer man hat sich zeitlebens mit Sprachen befasst bzw. darin eingeübt. Mit zunehmendem Alter schrumpft die weiße Gehirnsubstanz, die vor allem aus der fetthaltigen Myelinschicht besteht, welche die Ausläufer von Nervenzellen umhüllt. Nur mit Myelin isolierte Nervenzellenfortsätze können Reizsignale ausreichend schnell weiterleiten. Die fatale Folge des Schrumpfens der weißen Gehirnsubstanz ist daher, dass das Denken (und Handeln) langsamer wird, was die kostbaren frei werdenden Zeitressourcen leider wieder verschlingt. Damit nicht genug. Auch an den Zellkernen, Sitz des Gedächtnisses und der Einprägungsvorgänge, nagt der Zahn der Zeit, und das heißt: Man vergisst, speziell, was man unter Mühen dazuzulernen versucht. Und das Vergessen dehnt sich aus. Es schnappt sich Namen, Daten, Orte, die man spontan gewusst hat, und unterbricht Gedankenflüsse mit „schwarzen Löchern", in denen „ausfällt, was einem partout nicht einfällt". Das ist lästig.

Doch es gibt auch gute Nachrichten aus der heutzutage mit Hochdruck betriebenen Hirnforschung. Es können sich nachgewiesenermaßen selbst bei betagten Menschen noch neue Nervenverbindungen bilden, was jenen Menschen die Chance offeriert, das, was in ihrem Gedächtnisspeicher verfügbar ist, exquisit zu vernetzen. Sie plagen sich also einerseits mit der Beherrschung neuen Lernstoffes herum, sind aber andererseits Virtuosen in der Kombination und Synthese von (noch nicht vergessenem) Altvertrautem mit (mühsam) Neuerlerntem und können diesen „Wissensmix" für überraschende Topleistungen verwenden, wie die Spätwerke zahlreicher Künstler und Gelehrten der Weltgeschichte beweisen. Und was fördert die Bildung zusätzlicher Nervenverbindungen? Die lakonische Antwort aus den amerikanischen Fachgremien lautet mit Blick auf das Gehirn: *Use it or loose it*, was etwa dem deutschen „Wer rastet, der rostet" entspricht. Nervenverbindungen bilden sich selbst noch bei alternden Laborratten, wie experimentell nachgewiesen, allerdings nur in abwechslungsreicher Umgebung und wenn sie zu anstrengenden Denkprozessen herausgefordert werden.

In diesem Zusammenhang möchte ich meinen Tipp Nr. 2 ausformulieren.

**Tipp Nr. 2:**
**Man prüfe, ob sich das Leben nicht radikal vereinfachen lässt und ob es nicht sinnvoll ist, einige Gewohnheiten so zu verändern, dass Ruhe, Klarheit und Übersicht in den Alltag einkehren.**

In der breiten Mitte des Lebens wird man häufig von Hektik gebeutelt. Um die Bergspitzen herum wehen raue Winde. Wenn man ehrlich ist, blasen sie einem nicht nur von außen ins Gesicht, sondern sind auch das Gebläse eines inneren Motors, der mit Vollgas läuft. Schließlich hat man Ziele vor Augen, die von Ansprüchen an einen hohen Lebensstandard und von ehrgeizigen Plänen zeugen. Die Kinder sollen durch zukunftsträchtige Ausbildungen „durchgeboxt" werden, die Besitztümer sollen an die herzeigbaren Vorbilder der Nachbarn angeglichen werden, und hinter die eigene Selbstverwirklichung wird Dampf gemacht. Dass viele Familien die daraus resultierende Zerreißprobe nicht heil überstehen, ist eine traurige Begleiterscheinung solch keuchenden Endspurtgehabes. Wie dem auch sei, es kommt die Zeit, da hat man die heißbegehrten Ziele der Mitte (teil-) erreicht oder ihre Erreichung aufgeben müssen. Spätestens dann ist eine Besinnung und Trendwende dringend nötig. Denn obwohl allmählich die Hektik (zumindest die äußere) abklingt und Kraft- und Zeitressourcen frei werden, kann es passieren, dass man aus bloßer Gewohnheit im Hamsterrad weiterstrudelt oder – alternativ – dem Ruheschock erliegt. In *Tipp Nr. 1* habe ich zusammengetragen, wie man beides vermeidet. Um aber *Tipp Nr. 1* umsetzen zu können, was bedeutet, sich neuentdeckten (vertrauten oder unvertrauten) sinnvollen Aufgaben in Freiwilligkeit und mit Elan zu widmen, bedarf es einer Rundum-Entlastung von überflüssigem Ballast.

In unserer Gesellschaft sammelt sich zu viel an. Zunächst einmal zu viel Zeug in den Wohnungen. Das gehört ausgemistet und nicht gehortet! Um ein banales Beispiel herauszugreifen: Früher hat man einen Film für zwölf Fotos gekauft und auf eine dreiwöchige Urlaubsreise mitgenommen. Jedes hübsche Foto-motiv wurde erst bedächtig und sorgfältig auf seinen dauerhaften Erinnerungswert hin abgewogen, ehe man es knipste. Auf viele potenziell ebenfalls hübsche Momentaufnahmen wurde dabei notgedrungen verzichtet. Die Spannung stieg, sobald man nach der Heimkehr den fertig belichteten Film zum Fotografen trug. Wie würden die Bilder aussehen? Bei der Abholung klopften die Herzen vor Freude, wenn von zwölf Fotos zehn gelungen waren und die Hauptstationen der Reise markierten. Diese Fotos wurden feierlich in ein Album eingeklebt und mit Kurztexten beschriftet. An stillen Winterabenden wurde das Album hervor-geholt, auf die Knie gelegt und durchgeblättert. Un-vergessliche Erinnerungen nährten die Seele ...

Ist diese Beschreibung zu romantisch? Jedenfalls ist sie nicht weit von der geschichtlichen Realität ent-fernt. Inzwischen aber sind Gigamaßstäbe in die Fo-to-Realität eingezogen. Die modernen Kameras und Handys schießen unbegrenzt viele superscharfe Bil-der, die man sofort betrachten, löschen oder behalten kann, die man am Computer vergrößern, verkleinern, ausschneiden, einfärben und mit Tricks umändern kann, wie man Lust und Laune hat, die man verschic-ken kann, an wen man will, und die man in jeder gewünschten Menge selbst ausdrucken kann. Prak-tisch, nicht wahr? Wirklich praktisch? Ich kenne eine Menge Leute, die mit 500 und mehr geknipsten Fotos von ihren Reisen zurückkehren. Was machen sie dann? Sie entwickeln – nicht Fotos, sondern – gute

Vorsätze. Sie nehmen sich vor, die geschmackvollsten Bilder auszusortieren und zu bearbeiten, aber ach, der Weg zur Hölle ist mit guten Vorsätzen gepflastert. Es wird schnell langweilig, Hunderte Fotos per Tastendruck auf dem Bildschirm an sich vorübergleiten zu lassen. Die Uhr tickt, die Augen ermüden, die Bereitschaft, die Fotos technisch aufzupeppen, sinkt, das Gedächtnis kann die Fülle nicht mehr chronologisch einordnen. Wo ist man überhaupt gewesen ...? Wer war das hier überhaupt ...? Soll man das Zeug überhaupt ausdrucken ...? Wohin mit dem Haufen Papier, mit den überquellenden Alben, die sowieso niemand mehr anschaut ...? Sehr romantisch hört sich das nicht an!

Dabei ist das Fotoproblem noch das geringste. Geschirr sammelt sich an, Souvenirs, CDs, Bücher, Kleider, Apparate, technische Spielsachen und Zubehöre, Decken, Kissen, Balkonmöbel, Ziergegenstände und Luxuswaren aller Art. Jedes Ding ist verwendbar und unbeschädigt, jedes war einmal teuer, aber – an fast jedem hängt ein riesiges ABER: Wann benutzt man es? Wo verstaut man es? Wer reinigt es? Was hat man im Endeffekt davon? Wie schafft man es, sich wenigstens noch ein bisschen daran zu erfreuen? Auf den Philippinen habe ich halbnackte Kinder gesehen, die auf stinkenden Müllbergen herumkrabbelten und nach etwas Essbarem oder Verkaufbaren suchten. Ihr Anblick ging mir sehr nahe. In unseren „paradiesischen" Industrieländern scheint die Tragik der Müllberge umgekehrte Vorzeichen zu haben: Sie türmen sich in den Einzelhaushalten auf und drohen die Bewohner zu ersticken. Eine liebe Freundin von mir brauchte ein Vierteljahr, um die Drei-Zimmer-Mietwohnung ihrer Mutter nach deren Tod aufzulösen. Drei Monatsmieten musste sie umsonst bezahlen, nur um Zeit zum Sortieren, Ausräumen, Verschenken, Anbieten, Verkaufen und Entrümpeln zu haben. Dabei war ihre Mutter eine Witwe mit einer kleinen Rente gewesen. Trotzdem hatte sie offenbar nie etwas weggeworfen, nie ausgemistet und nie daran gedacht, welche Bürde sie ihrer einzigen Tochter hinterlassen würde, wenn sie einmal stürbe. Das ist kein Liebesdienst an der nächsten Generation, aber auch kein Liebesdienst an sich selbst bei Lebzeiten! Denn es lebt sich schlecht in vollgestopften Räumen, in denen man schon bald die Übersicht über seine Besitztümer verliert.

Immer wieder haben mir Personen, die umgezogen sind, berichtet, dass sie im Zuge eines Wohnungswechsels Dinge aus ihren Schränken hervorgekramt haben, von deren Existenz sie gar nichts mehr gewusst haben, und dass sie sich erst anlässlich der Einpacknotwendigkeit dazu entschlossen haben, das eine oder andere Ding wegzugeben. Dazu merke man sich folgende Regel:

*Sachen, deren Existenz man bereits vergessen hat, nützen einem gar nichts.*

Im (seltenen) Bedarfsfall sucht man nämlich nicht nach ihnen, sondern besorgt sich neue.

Des Weiteren:

*Sachen, die nicht mehr zur aktuellen Lebenslage passen, sollten nur in geringem Umfang aus sentimentalen Gründen aufgehoben werden.*

Der Wert schöner Begegnungen oder Erlebnisse ist, wie alle Werte, unsterblich, und braucht keine Materialisierung, um daran festzuhalten.

Genauso braucht Freundschaft keine großartigen Geschenke, um sich zu dokumentieren. Die Qual des Etwas-verschenken-Müssens an Personen, die mehr als genug daheim haben, verdüstert in unseren Landen den Advent „alle Jahre wieder" und ist eigentlich Unfug. Freilich ist zu verstehen, dass Geschäftsinhaber aus dem Weihnachtsrummel Profit schlagen möchten, dennoch gilt analog: Es ist kein Liebesdienst an der Bevölkerung! Die wahren Geschenke von Freund zu Freund und von Familienmitglied zu Familienmitglied sind Treue und Achtung, gemeinsame fröhliche Unternehmungen, herzliche Kontakte, tiefsinnige Diskussionen sowie die gegenseitige Ermutigung, sich weiterzuentwickeln und dazuzulernen, das Einander-Trösten und -Aufrichten im Kummer.

Ein Geschenk vom Feinsten ist dabei die *Zeit*, die man dem Freund oder dem Familienmitglied gewährt, ohne etwas von ihm zu wollen oder zu erwarten. Nur macht für solche *Zeitgeschenke* leider niemand Reklame.

Das Stichwort „Zeit" leitet zu dem wichtigsten Argument für eine Reduzierung und Simplifizierung der häuslichen Besitztümer über. Wir wissen, im Wettlauf zwischen den frei werdenden Zeitressourcen und der steigenden Verlangsamung beim Älterwerden gewinnt schließlich letztere. Ein 50-Jähriger büffelt an einem unvertrauten Lernstoff doppelt so lange wie ein Vierzigjähriger, ein 60-Jähriger viermal so lange. Diese Statistik soll niemanden entmutigen, stattdessen jedermann ermahnen, das Weisheitswort „weniger ist mehr" ernst zu nehmen. Eine Verschlankung des Besitzvolumens und eine Vereinfachung des täglichen Managements helfen Körper und Seele und klären den Geist auf herrliche Weise.

*Weg mit dem …*
*zu viel Reden (insbesondere anderen etwas vorjammern),*
*zu viel Fernsehen (insbesondere mittelmäßige Programme),*
*zu viel Kaufen (insbesondere unnötige Sachen),*
*zu viel Ansammeln (insbesondere überflüssige Dinge),*
*zu viel Essen (insbesondere ungesunde Lebensmittel),*
*zu viel Sitzen (insbesondere aus Trägheit),*
*zu viel Autofahren (insbesondere kurze Strecken)*
*zu viel ....*

So und nur so können Zeit und Geld perfekt eingespart und Kräfte lange erhalten werden, was insgesamt dann an „Kapital" für die Hingabe an sinnvolle Vorhaben bis ins hohe Alter hinein zur Verfügung steht.

# Von guten Gewohnheiten oder:
# Ein Habitkatalog aus dem Hause „Klug"

Ich weiß, Ratschläge wie die obigen sind überall nachzulesen und greifen dennoch selten. Warum? Ihr mächtigster Feind sind nicht fehlender Verstand und Intellekt, sondern die *Gewohnheiten* der Menschen. Gewohnheiten sind von ihrem biologischen Ursprungskonzept her *Diener* und nicht Herren. Sie sollen dem Gehirn, das sowieso genug zu denken hat, Arbeit abnehmen. Das tun sie, indem sie regelmäßig wiederkehrende Handlungsbefehle des Gehirns automatisieren und unbewusst – hirntechnisch: ohne größeren Bewusstseins-, Entscheidungs- und Willensaufwand – ablaufen lassen. Eine Hausfrau zum Beispiel, die gewohnt ist, Fenster zu putzen, braucht beim Fensterputzen die Bewegung ihrer Hände längst nicht mehr kontrolliert zu steuern. Ihre Hände erledigen sozusagen alles „von allein", und sie kann sich daneben das Menü für ein Galafesttagsessen überlegen oder Wanderlieder singen, was immer sie will. Ähnlich braucht ein Autofahrer, der gewohnt ist, kurvenreiche Strecken in den Bergen zu fahren, auch nicht stets seine Aufmerksamkeit zu intensivieren, sobald sich eine Serpentine nähert. Dass er die Kupplung tritt, in einen niedrigeren Gang zurückschaltet, vom Gaspedal steigt etc., bemerkt er kaum mehr. In diesem Sinne haben Gewohnheiten eine angenehme Entlastungsfunktion. Allerdings sind sie mit einem Pferdefuß ausgestattet: Sie eignen sich nicht für neu eintretende Situationen. Würde die genannte Hausfrau eines Tages einen Dampfreiniger geschenkt bekommen, mit dem man Fenster putzen kann, müsste sie zu dessen Benutzung ihre Hände wieder kontrolliert einsetzen, und das heißt, ihr Gehirn hätte wieder die Befehlsgewalt zu übernehmen und bewusste Vorgänge zu koordinieren. Oder würde der genannte Autofahrer eines Tages einen schwerbeladenen Lastwagen durch die sandigen Dünen der Sahara zu lenken haben, müsste er wahrscheinlich erheblich konzentrierter fahren als in den heimatlichen Gefilden, was ebenfalls bedeutet, dass sich sein Gehirn zu „Überstunden" aufschwingen müsste, um ihn in der fremden Situation wachsam und vorsichtig agieren zu lassen.

Für das, was „aus dem Rahmen (aus dem bisherigen Schema) fällt", sind Gewohnheiten unbrauchbar. Setzt man sie dann dennoch fort, kann sich dies schädlich auswirken; vielleicht nicht gerade beim Fensterputzen, aber durchaus beim Autofahren, wie es etwa geschieht, wenn plötzlich Nebel aufwallen und die Fahrer „gewohnt" schnell weiterrasen. Hierher passt auch die pikante Story, dass Leute, die üblicherweise bei Tisch ihr Essen nachsalzen, automatisch in jedem Restaurant zum Salzfässchen greifen und Salz auf ihren Teller streuen – ungeachtet der Tatsache, dass der Koch dieses Restaurants zufällig einer sein könnte, der sowieso mit Salz nicht spart. Die häusliche Gewohnheit lässt sie vergessen, vorher zu kosten ... Ein analoges Schmunzelpotenzial enthält die Geschichte einer Ehefrau, die mir einmal erzählte, dass sie jahrelang heimlich den Schreibtisch ihres Mannes aufgeräumt hatte, weil sie die katastrophale Unordnung darauf nicht mehr ertragen konnte. Oft habe er dann mit ihr geschimpft, weil er nach ihrer Ordnungsstiftung „nichts mehr fand". Eines Tages wurde sie weiser und beschloss, seinen Schreibtisch unangetastet zu lassen, egal, welche Haufen sich darauf türmen mochten. Doch zu ihrem Erstaunen setzte sich das Geschimpfe ihres Mannes noch Monate lang fort, wann immer er etwas auf seinem Schreibtisch suchte und nicht fand. Ihre Ordnungswut sei daran schuld ... Sie erlaubte sich den Spaß, ihn nicht aufzuklären, bis er endlich selbst entdeckte, was es mit seiner Sucherei auf sich hatte.

Ja, Gewohnheiten sind zäh. Bei Personen auf dem absteigenden Lebensast werden sie unaufhaltsam starrer und bilden allmählich ein Art „Sicherheitsseil", dem entlang sich die Personen orientieren. Je älter die Personen werden, desto mehr reduziert sich ihre Flexibilität, bis sie schließlich im Greisenstadium fast wie

Kleinkinder einen fest geregelten rhythmischen Tagesablauf benötigen, um „sich noch auszukennen". Die automatisierten Nervenprozesse funktionieren noch, während das Gehirn die konstruktive Adaptation an Novitäten nicht mehr leistet. Zieht man diese Kenntnisse ins Kalkül, empfiehlt es sich, spätestens ab der Lebensmitte nicht nur materiellen Ballast, sondern auch „dumme" Gewohnheiten abzuwerfen und stattdessen gezielt „kluge" Gewohnheiten im Alltag zu etablieren. Wird dann später wirklich alles enger und starrer, profitiert man immens davon, dass jenes „kaum mehr Umstellbare" vernünftig, hilfreich und gesundheitsförderlich ist. In der Zeitspanne, in der man sich noch „spielend" ändern kann, soll man sozusagen einer Zeitspanne vorbeugen, in der man sich nur noch mühsamst ändert, wenn überhaupt.

Es gilt also, beizeiten einen Habitkatalog aus dem Hause „Klug" zu erstellen. Wie kann ein solcher aussehen? Zugegeben, der Einband ist hart, er besteht aus Verzicht und Selbstdisziplin. Aber nur ein harter Einband hält die einzelnen Kapitel zusammen. Dafür sind die Kapitel weich und geschmeidig, zu Tages-, Wochen- und Monatsplänen gefaltet, mit viel Luft und Lust dazwischen. Hier ein paar Beispiele:

### Kapitel „Morgenstunde":

Man gewöhne sich an, früh aufzustehen, auch wenn man nicht (mehr) zu einem Arbeitsplatz hasten muss. Morgens ist man frisch ausgeruht und

135

in mentaler Optimalverfassung, was einen vielversprechenden Tagesanfang bedeutet. Außerdem erlebt man als Frühaufsteher den Tag „länger", was deshalb positiv ist, weil uns unser subjektives Zeitgefühl immer kürzer werdende Tage vorgaukelt. Mit zunehmendem Alter dünkt uns die Zeit rascher zu vergehen. Deshalb hört man so oft den Spruch älterer Leute: „Was, schon wieder ist ein Monat, ein Jahr ... vorbei!" Wer früh aufsteht, trickst das scheinbare „Verfliegen" des angebrochenen Tages ein bisschen aus (was mit einem abendlichen längeren Aufbleiben nicht zu erreichen ist) und ist daher hinreichend motiviert, sinnvolle Aktivitäten in den neuen Tag hineinzupacken.

## Kapitel „Stundenplan":

Man gewöhne sich an, einen fixen Stundenplan pro Woche einzurichten und nur in Ausnahmefällen davon abzuweichen. Dabei soll keinesfalls jede Stunde verplant werden. Aber gewisse Regelmäßigkeiten (wie zum Beispiel Kursabende, Gymnastikstunden, Massagetermine, „Omatage", Freundschaftsbesuche, Aushilfstätigkeiten und Ähnliches) sollen Verbindlichkeitscharakter haben. Mir sind zwei Damen bekannt, die beide unabhängig voneinander klagten, sie würden sich jede Woche vornehmen, schwimmen zu gehen, weil es für ihren Rücken wichtig wäre, sie würden es aber stets verschieben, weil ihnen ständig etwas dazwischenkomme. Ich bat sie, sich einen Schülerstundenplan zu besorgen und am

Freitagvormittag mit Rotstift „Hallenbad" einzutragen. Damit sei dieser Zeitraum fest reserviert, und sie könnten sich Freitag für Freitag gegenseitig „prüfen", ob der Rotstift gewirkt habe. Er wirkte perfekt.

## Kapitel „Bewegung":

Nicht wenige Hundebesitzer erachten ihre Lieblinge als Garanten eines langen Lebens. Sie behaupten, ohne ihre Hunde würden sie sich nie und nimmer aufraffen, bei Wetter und Unwetter täglich zwei Spaziergänge in frischer Luft zu absolvieren. Sie mögen recht haben, trotzdem ist es traurig, wenn man *ohne* Vierbeiner seine eigenen zwei Beine kaum bewegt, bzw. sich selbst so wenig „an der Leine" hat, dass man sich zu keinem Mindestsport aufraffen kann. Das Schwinden der Mobilität im Alter ist erschreckend, denn nicht nur auf das Gehirn trifft der amerikanische Kernsatz *Use it or loose it* zu, sondern genauso auf den restlichen Organismus, vor allem auf die Muskulatur. Was man nicht bewegt, stirbt sukzessive ab. Dazu kommt, dass Personen in unserer Gesellschaft, die lange Zeit berufstätig gewesen sind, häufig sitzende Berufe ausgeübt haben. Das heißt, sie sind, wenn sie vom Gipfel absteigen, bereits ziemlich ungelenkig geworden. Wenn jetzt das „große Sitzen" (beim Lesen, Fernsehen, Essen, Busfahren ...) anfängt, ist ihre Pflegebedürftigkeit im Alter vorprogrammiert.

Auch ohne Hunde kann man sich kleine tägliche Touren angewöhnen, indem man zum Beispiel in umliegende Geschäfte einkaufen geht, statt einmal pro Woche mit dem Auto zum Supermarkt zu fahren, indem man grundsätzlich Treppen statt Aufzüge benützt und indem man (mit Rotstift!) an jedem Sonntag eine kurze Schlechtwetter- oder eine ausführliche Schönwetter-Wanderung in den Stundenplan hineinschreibt. Dass die „Damen der Schöpfung" seit jeher mit einer höheren Lebenserwartung begabt sind als die „Herren der Schöpfung", liegt wohl nicht an einem lädierten Gerechtigkeitssinn des Schöpfers, sondern eher daran, dass die Damen sich im Zuge der Haushalts- und Gartenarbeiten, die sie fleißig verrichten, zeitlebens mehr bewegen als ihre Göttergatten ...

## Kapitel „Essen/Trinken":

Das leidige Thema „Gewichtskontrolle" ist in unzähligen Fachbüchern abgehandelt, daher möchte ich die Leserinnen und Leser damit nicht langweilen. Ich möchte lediglich betonen, dass auch diesbezüglich einzig und allein vernünftige Gewohnheiten (bzw. das Abgewöhnen unvernünftiger Gewohnheiten) helfen können. Ältere Menschen sollten sich überhaupt dazu entschließen, ihr Abendessen (bis auf Obst) ausfallen zu lassen. Der Körper kann dazu erzogen werden, abends nichts mehr zu verlangen. Was der Körper allerdings mit gutem Grund verlangt, ist *Flüssigkeit*. Nur verlangt er es manchmal nicht laut genug schreiend, weshalb gerade das vergessen wird – mit fatalen gesundheitlichen Folgen.

Also gehört die tagsüber in Reichweite stehende Was-
serflasche, an der genippt wird, in den Habitkatalog.
Und wenn man noch dazu ohne Zucker und ohne
Alkohol bei Laune bleibt, hat man sich einen Son-
derapplaus verdient!

**Kapitel „Kultur am Ort":**

Ein berühmter Himalajaexperte hat einmal in einem Interview berichtet, dass in Tibet kein Ein-
heimischer mit sportlichen Ambitionen in die Felsen
klettert. Das tun nur die von weit her angereisten
Touristen und Bergfans. An der Adria beobachtete
ich, dass sich keine Fischer an den Badestränden tum-
meln. Das tun nur die Sommergäste. Im Louvre hörte
ich, dass kaum je Pariser durch seine Hallen schlen-
dern. Das tun nur die Urlauber und Ausländer. Die
Aufzählung ließe sich beliebig fortsetzen. Es gehört
zum verbreiteten Phänomen des „Propheten im eigenen Land", dass die Schätze, die direkt vor der Haus-
türe liegen, ignoriert werden bzw. das eigene Ufer, an
dem man sich befindet, nicht auf eventuelle Schätze
hin erkundet wird. Stets lockt das gegenüberliegende
Ufer mit seinem Glanz.

Das ist schade, denn Schätze gibt es fast überall.
Menschen mit frei werdenden Zeit- und Kraftressourcen sollten unbedingt vorrangig am heimatlichen Ort danach „graben". Der enorme Vorteil *na-
her* kultureller Angebote ist der, dass man ihre
Wahrnehmung ohne besonderen Aufwand in den

Habitkatalog integrieren kann. Volkshochschulen, Musikzentren, Hilfsorganisationen, Seniorenklubs, Sportvereine, Büchereien, Ehrenamtlichentreffs, Dichterlesungen, Festveranstaltungen, Laientheater, Naturführungen und sonstige „Events" können zur Basis sinnvoller Beteiligungen werden. Natürlich passt nicht alles für jeden und hat nicht alles, was angeboten wird, Niveau. Man sollte sorgfältig aussuchen, wo man sich mit seinen persönlichen Interessen und Fähigkeiten einklinken kann, aber um auszusuchen, muss man sich eben einen Überblick verschaffen. In unserer Zeit der Staus auf den Straßen, der vollen Züge und viel frequentierten Flüge, der teuren Hotelketten und fragwürdigen Wellness-Oasen ist es daheim unter Umständen gemütlicher als auf Reisen. Und man kann sich Woche für Woche weiterbilden oder gar selbst engagieren, gleichsam „um die Ecke", mit Gesinnungsgenossen, die man kennenlernt und mit denen man seine Erlebnisse austauschen kann.

Also los, mit Stundenplan, Rotstift und Städteführer oder Ortsfibel hinein ins Staunen, was es an verborgenen Schätzen im eigenen Umkreis gibt, von denen man bislang nichts gewusst hat! Es ist zwar nicht alles Gold, was glänzt, auch in der Heimat nicht, aber allein die Erkenntnis, *dass da mehr glänzt, als man dachte*, ist diese Initiative wert.

**Kapitel „Abendstunde":**

Man gewöhne sich an, den vergangenen Tag abends vor seinem Inneren noch einmal Revue passieren zu lassen. Die gelebten Tage selbst sind schon „Schätze" genug, wert, am Ende begutachtet zu werden. Die Begutachtungsfrage lautet (original nach Frankl):

*„Was ist als Ernte dieses Tages in die Scheune der Vergangenheit eingefahren worden?"*

Eine überraschende Begegnung, ein lustiges Erlebnis? Eine Selbstüberwindung, die Nervenkraft gekostet hat? Eine fleißige Handarbeit, die erledigt worden ist? Ein heroisches Aushalten eines langen Telefongesprächs? Ein Stück Barmherzigkeit, das einem abverlangt worden ist? Ein ehrliches Eingeständnis, dass man sich geirrt hat? Ein Schneestapfen mit anschließendem Saunagenuss? Was sonst?

Die Tage dürfen nicht an einem vorüberschlittern und im Vergessen verhuschen, als wären sie eine Reihe gleichförmiger grauer Schattenwesen, sondern bedürfen einer leuchtenden „Markierung", auf dass sie im Gedächtnis eine Lichtspur hinterlassen, die die Vergänglichkeit der Zeit tröstlich durchglüht. Jeder Tag ist einer von abgezählt vielen, die uns gewährt sind, jeder ist ein einzigartiger Tag, der nie mehr wiederkehrt, dessen Qualität jedoch hineingerettet ist in ein unvergängliches (Gewesen-)Sein. Da wollen wir schon wissenden Auges erspähen, *was* sich da so in unserer „Scheune" ansammelt, in ihr, in der unser Ich einmal gemeinsam mit unserer Lebensgeschichte aufgehoben sein wird für ewig.

Abende, an denen man bei solch einer Rückschau leise vor sich hin lächeln kann, halten ein exquisites Ruhekissen für uns bereit. Man kann sich die Schlaftablette sparen, und die Angst vor Albträumen ebenso. Ja, sie stimulieren uns, in freudiger Erwartung des nächsten Tages die Lider zu schließen und sich den Engeln zu überantworten, die bei uns Wache halten. Eine perfektere Vorbereitung auf „Schlafes Bruder" gibt es nicht!

## Der Liebesbogen
## der Generationen

Wir haben den Abschied aus der Blüte der Jahre mit dem Bergabwärtswandern verglichen, bei dem die „Schwerkraft" gnädig mithilft. Wobei das Symbol „Schwerkraft" für zwei „F" steht:

– für die *Fähigkeiten,* die man sich während des Lebens erworben hat und die einem immer noch geläufig sind, und

– für die stabilen *Freundschaften*, die sich im Zuge der Jahre gebildet haben.

Beides geleitet einen mit wohltuender Selbstwertstützung des Weges, und beides gehört mindestens so gut gepflegt wie die Räumlichkeiten, in denen man wohnt.

Was die *Fähigkeiten* betrifft, so dehne man sie durch Dazulernen aus, solange dies möglich ist, denn es kommt der Zeitpunkt, an dem man sie bloß noch erhalten kann und ab dem jedwedes Körnchen Fähigkeit, das man durch Nichtbenützung „hergibt", unwiederbringlich verloren geht. Doch auch dieses „Noch-Erhalten" ist voller Sinn. Ein exzellentes Beispiel dafür liefert ein Münchner Verein, der sich „Aktion Senioren helfen jungen Existenzen Bayern e. V." nennt. Mitglieder des Vereins sind hauptsächlich Unternehmer, Manager, Juristen, Betriebswirte und Geschäftsleute, die selber schon in Rente sind, aber ihr vielfältiges Wissen kostenfrei bereitstellen, um jungen „Einsteigern" die schwierige berufliche Startphase ihrer Karriere zu erleichtern und sie vor Gefahren zu bewahren. Die Mitglieder setzen praktisch Teile ihrer früheren Arbeit mit veränderten Mitteln und zu veränderten Konditionen fort, was eine großartige Idee ist und sie nebenbei „in Übung hält". Das erinnert an den schönen Satz von Alfred Delp:

> *„Wenn durch einen Menschen*
> *ein wenig mehr Liebe und Güte,*
> *ein wenig mehr Licht und Wahrheit in der Welt war,*
> *dann hat sein Leben einen Sinn gehabt."*

Das Stichwort „Liebe und Güte" leitet zum zweiten „Schwerkraftelement" über, den gewachsenen *Freundschaften*. Sie können, gut gepflegt, lange noch über das allmähliche Erlöschen der Fähigkeiten hinaus Bestand haben. Deswegen lohnt sich jede Investition in Freundschaften für alle Beteiligten und gewährt beglückende Momente inmitten zunehmender Behinderungen und Verfallserscheinungen. Insbesondere die *Freundschaften mit Familienmitgliedern* sind

144

in diesem Lebensabschnitt aufzupolieren bzw. dringend zu erneuern, als da sind:

1. die Freundschaft mit alten Eltern,
2. die Freundschaft mit Geschwistern,
3. die Freundschaft mit einem Partner,
4. die Freundschaft mit erwachsenen Kindern,
5. die Freundschaft mit Enkelkindern.

Überall ist „Unkraut auszurupfen", überall sind Altlasten zu beseitigen.

*Zu 1.:* So viel Reife kann man im Laufe eines mehrere Jahrzehnte während Lebens gewonnen haben, dass man seinen alten Eltern (falls man noch welche hat) nichts mehr nachträgt. Meistens haben die Eltern sowieso die Schuld, die sie irgendwann auf sich geladen haben, längst abgebüßt. Und dass man selber nicht minder gefehlt hat, ist einem sicher auch schon klar geworden.

*Zu 2.:* Für Rivalitäten und Neidattacken gegenüber den Geschwistern besteht wahrlich kein Anlass mehr. Dergleichen mag beim „Gipfelstürmen" eine Rolle gespielt haben, aber auf der Abstiegsroute kann und darf die Solidarität wieder zum Vorschein kommen. Errungene Ehren, Posten, Reichtümer relativieren sich schnell angesichts erster Krankheitsvorboten ... Dafür knüpft der Geschwisterzusammenhalt ein soziales Netz, das reißfester sein kann als manches andere.

*Zu 3:* In unserer Ära sind intakte Ehen eine Rarität. Bei den über 50-Jährigen dominieren die Zweit- und Drittpartnerschaften, und auch bei diesen regiert oft nicht (mehr) die hochlodernde Erotik, sondern die Vernunft oder die Scheu vor dem Verlassensein. Doch können solch „kühlere" Beziehungen durchaus in passable Freundschaften einmünden, bei denen gegenseitige Achtung, Toleranz, Verlässlichkeit und das gegenseitige Gewähren von Geborgenheit beide Teile zutiefst befriedigen.

*Zu 4:* Nachdem die Erziehungsaufgaben erfüllt und die flügge gewordenen Kinder losgelassen worden sind, entbehrt alles Sich-in-deren-Leben-Einmischen und ihnen Dreinreden jeglichen Sinns. Auch gutgemeinte elterliche Ratschläge oder gar ein elterliches Verlangen nach der Zuwendung (Besuche, Briefe ...) ihrer Kinder sind nicht am Platz. Weise Eltern wechseln in die Rolle von zurückhaltenden, treuen Freunden, die verständnisvoll ihr Ohr zur Sorgenablage leihen (falls gewünscht), die die eine oder andere Handreichung für ihre erwachsenen Kinder erledigen (falls gewünscht) und die ihnen stets signalisieren, dass sie ihnen Selbstständigkeit und Erfolg aufrichtig zutrauen.

Ein Patient von mir hat noch mit 60 Jahren eine erstaunliche Ordnung in das Chaos seiner familiären Verflechtungen gebracht. Er war zweimal geschieden. Aus seiner ersten Ehe stammte ein Sohn, der jeglichen Kontakt mit ihm vermied, weil er dem Vater vorwarf, sich nie um ihn gekümmert zu haben. Aus der zweiten Ehe stammte eine Tochter, Mutter eines unehelichen dreijährigen Buben, die ihn dauernd in Rage brachte, weil ihm ihr Lebenswandel nicht behagte. Des Weiteren hatte der Mann eine an Alzheimer erkrankte Mutter in einem Hospiz, die ihn nicht mehr erkannte, und zwei Brüder. Einen davon, der nach Südafrika ausgewandert war, hatte er seit 25 Jahre nicht gesehen. Mit dem anderen, der im nahe gelegenen ehemaligen Elternhaus residierte, hatte es einst um dieses Haus einen turbulenten Erbstreit gegeben, bei dem der Mann als „Verlierer" hervorgegangen war. Schließlich gab es noch seine Lebensgefährtin, eine notorische Raucherin, was ständige Querelen auslöste, da der Mann, ein Nichtraucher, den kalten Zigarettengestank in seinen Zimmern nicht vertrug. Auch steckte die (ebenfalls geschiedene) Lebensgefährtin ihrem eigenen arbeitslosen Sohn ziemlich viel Geld zu, was dem Mann verständlicherweise missfiel. Na, das war alles andere als ein „soziales Netz", eher ein bedrückendes Konglomerat von „Steinen des Anstoßes".

In unseren Gesprächen räumten wir gemeinsam einen nach dem anderen aus.

*Zu 4:* Mein Patient schrieb seinem Sohn einen Brief, in dem er sich bei ihm entschuldigte. Er rechtfertigte sich nicht für seinen Mangel an väterlicher Präsenz und schob auch nicht den „schwarzen Peter" seiner ersten Frau, der Kindesmutter, zu, was er zu Recht hätte tun können, weil *sie* nach der Scheidung interveniert hatte, um die Vater-Sohn-Besuche zu unterbinden. Er betonte nur, wie leid es ihm tue, und bat um Vergebung. An seinem nächsten Geburtstag stand der Sohn vor der Tür – mit einem Gutschein für eine gemeinsame Ballonfahrt, die zu einer völligen Wende in der Beziehung beider führte.

Der Tochter übergab der Mann bewusst die Eigenverantwortung für ihr Leben, was mit einschloss, dass er sich redlich bemühte, die bissigen Kommentare, die ihm in ihrer Gegenwart öfter auf der Zunge lagen, unausgesprochen hinunterzuschlucken. Stattdessen bot er ihr an, bis zu maximal zehn Wochenstunden den dreijährigen Enkelsohn zu hüten, damit sie sich einen Kleinjob suchen konnte. Die Tochter zeigte sich hocherfreut und benahm sich sogleich weniger ruppig.

*Zu 1:* Der Mann informierte sich über die Alzheimer-Krankheit und verstand, dass es keine Geringschätzung seiner Person war, wenn die alte Mutter auf sein Erscheinen mit Gleichgültigkeit reagierte. Sie litt eben an einem Gedächtnisschwund, was ihr aber weder ihre unabdingbare Würde noch ihre ehemaligen mütterlichen Verdienste um die drei Kinder wegnahm. „Hinter" ihrer Krankheit existierte immer noch ihr heiler, transmorbider Personenkern, das ureigentliche Wesen, das sie war, zwar den Blicken ihrer Mitmenschen verborgen, aber mit einem „von Gottes Gnaden eingehauchten Geist". Aus diesem

Verständnis heraus konnte der Mann sie auch in ihrem dementen Zustand annehmen und ehren.

Als einen weiteren Schritt in Richtung Frieden verzieh er seinem früh verstorbenen Vater, dass dieser versäumt hatte, vorsorglich testamentarisch festzulegen, wie er seine Güter unter seinen drei Söhnen aufzuteilen wünschte, was in der Folge jenen erbitterten Erbstreit heraufbeschworen hatte. Es war nicht ohne Pointe, dass mein Patient, der seinem Vater deswegen so lange gram gewesen war, kleinlaut verneinen musste, als ich ihn fragte, ob denn er selbst bereits sein Testament gemacht habe ...

*Zu 2:* Die Aussprache mit dem „Sieger-Bruder", der das väterliche Haus angeblich durch betrügerische Machenschaften ergattert hatte, war ein harter Brocken für den Mann. Was ihm half, war die Erkenntnis, dass er mit seinen 60 Jahren ein Anwesen dieser Größe gar nicht mehr bewirtschaften wollte. Seine eigene Wohnung war schick eingerichtet und auf seine Bedürfnisse abgestimmt – was brauchte er noch? An einem heißen Sommertag rief er seinen Bruder an und verabredete sich mit ihm auf der Terrasse eines See-Restaurants. Beim Dessert blickte er nachdenklich auf die auf und ab plätschernden Wellen hinaus und sagte dann seinem Bruder, dass er den seinerzeit stattgefundenen Austausch grober Gemeinheiten zwischen ihnen beiden *mehr* bedauere als den Verlust des Elternhauses. Der Bruder, der Schlimmes befürchtet hatte, atmete auf und erzählte ihm, dass er das Anwesen seiner Tochter zur bevorstehenden Hochzeit überschreiben wolle, weil er, von Rheuma geplagt und mit einem Herzschrittmacher versehen, mittlerweile einen bescheideneren Seniorensitz vorziehe. Da lachte der Mann und antwortete, dass er seiner Nichte das Elternhaus von Herzen gönne, woraufhin er feierlich zu deren Hochzeit eingeladen wurde.

Am Rande dieses Festes beschlossen beide Brüder, gemeinsam eine mehrwöchige Reise nach Südafrika zu buchen, um den dritten Bruder noch einmal zu treffen. Als winzige „Wiedergutmachungsgeste" übernahm der „Sieger-Bruder" die gesamten Flugkosten.

*Zu 3:* Der wahre „Sieger" aber war mein Patient, denn er „siegte" auf allen Linien. Sogar mit seiner Lebensgefährtin gelang es ihm, Kompromissabkommen zu schließen, die die Partnerschaft stärkten. Er hörte auf, über ihre Sucht zu meckern (was ineffektiv war), und sie willigte ein, künftig nur noch außerhalb der gemeinsamen Wohnung zu rauchen. Er lamentierte nicht mehr über das an ihren Sohn verschwendete Geld, und sie stimmte zu, dem Jungen den Geldhahn zuzudrehen, sobald er Arbeit gefunden habe. Wie das Leben so spielt, absolvierte dieser junge Mann schließlich eine Umschulung zum Krankenpfleger und entpuppte sich zehn Jahr später als eine enorme Hilfe für den inzwischen an Darmkrebs leidenden bettlägerigen „Stiefvater", der ihn zum Dank in seinem inzwischen nachgeholten Testament mitbedachte.

*Zu 5.:* Der größte Lichtblick in dieser schweren Zeit der Krebserkrankung und nachfolgenden Bettlägerigkeit des Mannes war die aus seinen einstigen Babysitter-Diensten stammende gute Beziehung zu seinem inzwischen herangereiften Enkelsohn, der bei jedem Besuch einen Schwall an unbekümmerter Jugendlichkeit mit ins Krankenzimmer brachte. Dann vergaß der Mann alle Pein, nahm Anteil an den wechselnden Umtrieben des Pubertierenden und diskutierte mit ihm politische und ökologische Fragen, die den Jugendlichen beschäftigten, für die dessen Mutter aber weder Geduld noch Laune hatte. Auf diese Weise erhellte sich das Gemüt des Großvaters, und der Junge vermisste seinen (abwesenden) Vater weniger.

## Kritik üben – aber wie?

Um Freundschaften, seien es Freundschaften mit Familienmitgliedern oder mit Fremden, zu erhalten oder gar zu reaktivieren, bedarf es eines grundsätzlichen *Verzichts auf verletzende Kritik.* Betrüblicherweise neigt man aber gerade im Alter dazu. Man wird kleinlich, störrisch, nörglerisch, verdrossen, stößt sich an Banalitäten, beschwert sich über Nichtigkeiten … Dies bewirkt, dass jeder, der nur kann, die Flucht ergreift, wodurch man allmählich vereinsamt, was einen noch kauziger und absonderlicher werden lässt, weil die „gesunde Korrektur" durch Dialog fehlt. Deshalb seien hier ein paar Hinweise zum „harmlosen Kritisieren" zusammengetragen.

Zunächst dies: In den allermeisten Fällen ist unsere Kritik an anderen Menschen bloß *teilberechtigt*. Das liegt daran, dass wir die Lebensumstände jener anderen nicht genau kennen, ihre Absichten nicht durchschauen und die Komplexität der gegebenen Konfliktsituation nicht berücksichtigen. Allzu leicht rutschen wir in die Seichtheit des Gut-Böse-Denkens oder des Gescheit-Dumm-Denkens, wobei selbstverständlich *wir* die Guten und Gescheiten und *die anderen* die Bösen und Dummen sind. In dieser Simplizität täuschen wir uns gewaltig, wenn auch jene anderen zweifellos ein paar Mängel aufweisen, die wir ihnen zu Recht vorwerfen können.

Bei solch *teilberechtigter* Kritik ist die Kritikempfindlichkeit der kritisierten Personen besonders hoch, wie man aus psychologischen Forschungen weiß, sogar noch höher als bei *vollberechtigter* Kritik. Dieses seltsame Phänomen ist dadurch zu erklären, dass sich die kritisierten Personen bei teilberechtigter Kritik doppelt ärgern:

1. bezüglich des berechtigten Kritikteiles über sich selbst, und

2. bezüglich des unberechtigten Kritikteils über den sie Kritisierenden.

Der doppelte Ärger bauscht sich zu einem *Riesenärger* auf, was die kritisierten Personen einerseits zu ausufernden Rechtfertigungsmanövern („Ich stand unter Druck!", „Ich war nicht informiert!" ...) und andererseits zu aggressiven Gegenattacken verleitet („Du findest immer ein Haar in der Suppe!", „Kümmere dich um deinen eigenen Kram!" ...). Beides ist nun keineswegs dasjenige, was sich die kritisierende Person erhofft hat. Sie hat sich von ihrer Kritik vielmehr eine Verhaltensrevision bei der kritisierten Person erhofft, worauf sie – angesichts deren *Riesenärgers* – lange warten kann.

Wie lässt sich dieses Dilemma umschiffen, wenn man jemandem etwas Unangenehmes sagen oder ihn in die Schranken weisen muss, um Negativverhalten einzubremsen?

*1. Man wähle für die Aussprache einen günstigen Zeitpunkt.* Günstig für den „zu Kritisierenden" heißt, dass dieser entspannt ist und nicht von aktuellen Ereignissen, die ihn beschäftigen, so gebannt ist, dass er nur mit halbem Ohr zuhören würde. Günstig für den „Kritisierenden" heißt, dass dieser sich emotional so fest in der Hand hat, dass er ruhig und vor allem sachlich argumentieren kann, ohne die Beherrschung zu verlieren.

*2. Man starte die Aussprache mit dem Ausdruck der Wertschätzung des „zu Kritisierenden" und, wenn möglich, mit einem (ehrlich gemeinten) Lob.* Danach schildere man (wiederum ehrlich) seine eigenen schmerzlichen Gefühle und Gedanken, sobald das unerwünschte Negativverhalten des „zu Kritisierenden" einsetzt, und frage ihn, ob er dafür Verständnis aufbringen kann. Liegen „mildernde Umstände" für dessen

Negativverhalten vor, ist es geschickt, gleich mitzuerwähnen, dass sie einem bekannt sind. Das federt die Rechtfertigungstendenz des „zu Kritisierenden" ab und öffnet ihn schneller für Zugeständnisse.

*3. Man stelle sich selbst nicht als „Übermenschen" dar, sondern zeige sich ungeniert in seinen eigenen Schwächen und Rückfällen bei den Anstrengungen, sie auszumerzen.* Das schafft eine hierarchiefreie Atmosphäre, in der die Bereitschaft des „zu Kritisierenden", sich seinerseits um eine Verhaltensverbesserung zu bemühen, gedeihen kann. In den solcherart vorbereiteten Boden können dann Konsensvorschläge oder konkrete Vereinbarungen zum künftigen Wohl beider problemlos eingepflanzt werden.

Generell ist zu überlegen, *wann man spricht* (was man also anspricht) und *wann man schweigt* (was man also ignoriert, was nicht dasselbe ist wie: „verdrängt"). Zu viel Geplapper halten Freundschaftsbeziehungen jedenfalls nur begrenzt aus. Manche Klöster bieten den Rat und Frieden suchenden Menschen unserer merkwürdig aufgeputschten und nervenaufreibenden Zeit Schweigeexerzitien an und haben damit Erfolge der Superlative. Es muss nicht alles gesagt werden, was einem durch den Kopf geht! Viele „Schieflagen" können durch entsprechende innere Haltungen, seelische Distanzierungen oder einfach im Gebet austariert werden, ohne verbale Schreckensszenen daraus zu machen. Speziell zwischen den Generationen, die vom rasanten Entwicklungstempo unserer Ära schier auseinandergerissen werden, sind Großmut, geduldiges Schweigen und ein unspektakuläres schlichtes Füreinander-Dasein Geheimrezepte für ein Trotzdem-miteinander-Auskommen.

Es wäre eine eminent sinnvolle Aufgabe älterer Menschen, den Jüngeren nicht durch Worte, sondern durch das Vorbild, nicht durch ein Sagen, sondern durch ihr Sein die Botschaft zu vermitteln, dass sie mitsamt ihren Ecken und Kanten *geliebt* sind (zumindest *urgeliebt*) – und dass sie im Kreise der Generationen ihren bedeutenden Platz haben, der sie in die Riege der „Mitschöpfer" hinaufhievt. Es wäre eine eminent sinnvolle Aufgabe, die Botschaft zu vermitteln, dass sie auf ihrem Lebensweg (durch Verstrickungen, Dramen und Schicksalsschläge hindurch) getrost voranschreiten mögen, und dass *am Ende das Gute zählen wird und nichts als das Gute,* das zwar von Anbeginn an in der Minorität ist, aber dennoch „beschützt" ist wie nichts sonst auf der Welt, weil ein divines „Sieb" es hochhält, wo alles andere hindurchrinnt und wegbricht.

Sehr beeindruckend hat Albrecht Goes solche Gedanken für seine „Brigitte" in Poesie gegossen. Sie seien hiermit allen Lesern und Leserinnen, auch wenn sie keine Kinder mehr sind, als Schlusswort mitgegeben:

*Für Brigitte*

*Liebes Kind, es ist die Welt*
*zwar ein Haus mit vielen Türen,*
*aber also ist's bestellt:*
*bis zur Tür kann ich dich führen,*
*klopfen musst du dann und klinken*
*an der Türe ganz allein.*
*Ob dir Glück, ob Schmerzen winken,*
*Glück und Schmerzen werden dein.*
*Komm und geh und tritt herfür,*
*segnen werden dich die beiden.*
*Glaub' mir, an der letzten Tür*
*sind sie nicht zu unterscheiden.*

# TEIL IV

## Kurzgeschichten als Denkanstöße

Dichter und Schriftsteller aller Zeiten haben die Schwachstellen und Abgründe der menschlichen Gesellschaft in eindrücklichen Darstellungen beschworen. Unter ihnen gab es aber auch immer welche, die ihren Akzent auf heilende, warnende oder tröstliche Texte gelegt haben. Die Literatur muss sich nicht im Anprangern verausgaben, sie kann auch sehr viel Weisheit an die Leserschaft herantragen, geschickt verpackt in allegorischen Figuren, die jedermann Bekanntes widerspiegeln.

Im Folgenden habe ich sieben Kurzgeschichten ausgewählt, die jeweils ein Körnchen Weisheit enthalten. Der Vorteil dieser Geschichten ist, dass sie einprägsame „Kennworte" (wie zum Beispiel „Holzhacker", „Narr", „Lindwurm") liefern, die man nicht so schnell vergisst. Fällt einem ein solches Kennwort ein, ist augenblicklich die gesamte Portion Weisheit präsent, die dichterisch mit dem Kennwort verknüpft worden ist. Man muss sich nicht mühsam an eine komplizierte Lehrthese erinnern, man weiß sofort Bescheid und ist dadurch in der Lage, zeitgerecht kleine Korrekturen im Alltagsverhalten vorzunehmen, bevor man erst aus Schäden lernt oder vielleicht aufgrund von Schäden zu entmutigt ist, um überhaupt noch etwas zu lernen.

Deswegen wünsche ich allen Leserinnen und Lesern, dass ihnen die nachfolgenden Geschichten Denkanstöße vermitteln und dass sich die dazu passenden Kennworte in kritischen Momenten in ihrer Seele melden mögen, damit die jeweilige Weisheit, für die sie stehen, ihre volle Schutz- und Heilkraft entfalten kann!

## Die Frage des Buchfinks

Ein Märchen aus Schweden[3] bringt die bunt schillernde Palette des Lebens in Form eines Streitgesprächs zum Ausdruck. Der Buchfink hat die Ursprungsfrage in die Natur hineingeworfen; und da rollt sie nun von Antwortversuch zu Antwortversuch, und keiner geht ganz daneben, und keiner stimmt völlig. So wie die Lebenslehren vieler (pseudo-)psy-

---

3  Leben – was ist das eigentlich?, in: immer grün 1992, Quell/Wartburg, Stuttgart, 1992, S. 38.

chologischer Schulen bleibt jeder Antwortversuch im Subjektiven, bis schließlich die Morgenröte ins Transsubjektive verweist. Könnte ihre Antwort die *gültige* sein?

*An einem schönen Sommertag um die Mittagszeit war große Stille am Waldrand. Die Vögel hatten ihre Köpfe unter die Flügel gesteckt, und alles ruhte. Da streckte der Buchfink sein Köpfchen hervor und fragte: „Was ist eigentlich das Leben?" Alle waren betroffen über diese schwierige Frage. Im großen Bogen flog der Buchfink über die weite Wiese und kehrte zu seinem Ast im Schatten des Baumes zurück.*

*Die Heckenrose entfaltete gerade ihre Knospe und schob behutsam ein Blatt ums andere heraus. Sie sprach: „Das Leben ist lauter Freude und Sonnenschein."*

*Drunten im Gras mühte sich eine Ameise mit einem Strohhalm, zehnmal länger als sie selbst, und sagte: „Das Leben ist nichts anderes als Mühsal und Arbeit."*

*Geschäftig kam eine Biene von der honighaltigen Blüte auf der Wiese zurück und meinte dazu: „Nein, das Leben ist ein Wechsel von Arbeit und Vergnügen."*

*Da so weise geredet wurde, steckte auch der Maulwurf seinen Kopf aus der Erde und brummte: „Das Leben? Es ist ein Kampf im Dunkeln."*

*Nun hätte es fast einen Streit gegeben, wenn nicht ein feiner Regen eingesetzt hätte, der sagte: „Das Leben besteht aus Tränen, nichts als Tränen."*

*Dann zog er weiter zum Meer. Dort brandeten die Wogen und warfen sich mit aller Gewalt gegen die Felsen und* stöhnten: „Das Leben ist ein stets vergebliches Ringen nach Freiheit."

Hoch über ihnen zog majestätisch der Adler seine Kreise. Er frohlockte: „Das Leben ist ein Streben nach oben."

Nicht weit vom Ufer entfernt stand eine Weide. Sie hatte der Sturm schon zur Seite gebogen. Sie sagte: „Das Leben ist ein Sich-Neigen unter eine höhere Macht."

Dann kam die Nacht. Mit lautlosen Flügeln glitt der Uhu über die Wiese dem Wald zu und krächzte: „Das Leben heißt: die Gelegenheiten nützen, wenn andere schlafen."

Und schließlich wurde es still in Wald und Wiese. Nach einer Weile kam ein junger Mann des Weges. Er setzte sich müde ins Gras, streckte alle Viere von sich und meinte, erschöpft vom vielen Tanzen und Trinken: „Das Leben ist das ständige Suchen nach Glück und eine lange Kette von Enttäuschungen."

Auf einmal stand die Morgenröte in ihrer vollen Pracht auf und sprach: „Wie ich, die Morgenröte, der Beginn des neuen Tages bin, so ist das Leben der Anbruch der Ewigkeit."

Unter den Antworten auf die Frage des Buchfinks befindet sich eine, die in der Psychotherapie wohlbekannt ist, weil sie vielen psychischen Störungen zum Durchbruch verhilft. Charakteristischerweise ist es die Antwort des Menschen. Und zwar eines Menschen, der nachts, vom Tanzen und Trinken müde, allein durch den Wald irrt. Nicht, dass Tanzen oder Trinken oder nächtliche Spaziergänge abnorm wären, doch in der Summe könnten sie, sofern man den Symbolgehalt des Märchens nicht überstrapazieren, sondern jenes Körnchen Weisheit, das es enthält, daraus extrahieren will, eine gewisse Sturm-und-Drang-Unausgegorenheit des jungen Mannes andeuten.

Wie aber hat seine Antwort gelautet? „Das Leben ist eine ständige Suche nach Glück …" Damit hat sich der junge Mann im finsteren Wald verirrt. Hätte er gesagt: „Das Leben ist eine ständige Suche nach Sinn", wäre in ihm quasi die Morgenröte aufgestiegen. So hingegen nimmt er nur die Enttäuschungen wahr, die seine Glücksstrebigkeit produziert. „Je mehr es einem um die Lust geht, desto mehr vergeht sie einem auch schon" – ein berühmter Ausspruch Frankls. Wer ständig nach Glück sucht, wird zum Unglücksraben.

Glück ist ein Beiwerk der Sinnsuche und Sinnfindung des Menschen, und dies umso eher, als es *nicht* angestrebt wird. Es stellt sich genauso wie die Freude auf leisen Sohlen ein, wann immer sich jemand in sinnvollen Aktionen engagiert oder in liebender Sorge um ein Du bekümmert, ohne auf eigenen Profit zu spekulieren. Und – Glück ist mitnichten Wunschbefriedigung!

Was hat es dann aber mit den Wünschen auf sich? Sollten die vielen guten Wünsche umsonst sein, die Freunde gegenseitig austauschen? Die Geburtstagswünsche, die Hochzeitswünsche, die Segenswünsche? Keineswegs. Gute Wünsche haben eine ähnlich positive Ausstrahlung wie inbrünstige Gebete oder das zärtliche Gedenken an einen Verstorbenen. Jeder Gedanke, der einer Regung des Herzens entspringt und von der Liebe kündet, hallt in weiten Kreisen nach wie das Echo in den Bergen, potenziert sich und schwingt zurück zu seinem Absender. Ja, vielleicht wäre die Menschheit ohne die zahllosen guten Wünsche und Gebete, die sie durch die Jahrtausende hindurch ausgesandt hat, schon längst ausgestorben …

Der Akt des Wünschens ist also kein fraglicher im psychohygienischen Sinne. Vor allem dann nicht, wenn er andere mit einschließt und nicht am Ego hängen bleibt. Wenn also das „Ich wünsche mir" zumindest ausbalanciert wird mit einem „Ich wünsche dir". Trotzdem ist es dem Menschen nicht zu wünschen, dass alle seine Wünsche in Erfüllung gehen, so eigenartig paradox dies anmutet. Er verträgt es einfach nicht. Sein Naturell rebelliert dagegen. Die soziologische Forschung weiß ein Lied davon zu singen. Wirtschaftsprogressionen lösen moralische und kulturelle Talfahrten aus, eine übertriebene Fixierung auf das Familienleben, verbrecherische Delikte aus Gleichgültigkeit, übersteigerte hysterische und verweichlichte Verhaltensmuster sowie Aberglauben in düsteren Schattierungen. Kein Tanz um das goldene Kalb, kein Turmbau zu Babel ist seinen Zeitgenossen gut bekommen, auch nicht in aktuelleren Repetitionen. Und wenn Frankl glaubhaft berichtete, dass es in den Konzentrationslagern praktisch keine psychosomatischen Krankheiten gegeben hat, ist das in Anbetracht der heutigen Flut an psychosomatischen Störungen in unserer wohlgenährten Bevölkerung mehr als beschämend.

# Der Wunsch des Holzhackers

Eine Gute-Nacht-Geschichte von Sigurd Hutschenreuther[4] führt uns das dargelegte Paradoxon anschaulich vor Augen. Einem Holzhacker wird ein Wunsch zur Erfüllung freigestellt. Selbstverständlich wünscht er sich etwas, das seine schwere tägliche Arbeit erleichtern soll. Nur sieht die Erleichterung im Endeffekt anders aus, als er sie sich erhofft hat. Er geht an ihr zugrunde.

Vielleicht halten wir, nachdem wir die Geschichte gelesen haben, einen Moment inne und überlegen, was in unserem eigenen Leben passieren könnte, falls unsere geheimsten Wünsche in Erfüllung gingen. Wenn wir plötzlich viel Geld im Lotto gewönnen? Wenn wir muskulös und robust gebaut wären, wenn wir den ersehnten Direktorposten angeboten bekämen oder uns der Partner auf Händen trüge und unterwürfig dienen würde? Wäre das wirklich das Paradies? Oder fiele uns nach dem ersten jubelnden Überschwang auch irgendetwas auf den Kopf?

*Ein Holzhacker fluchte, weil sein Baum nicht auseinanderging. Ein altes Weiblein kam vorbei mit einem Korb, und sagte: „Du darfst dir etwas wünschen!" Der Mann entgeg-*

---

4 Sigurd Hutschenreuther, Der erfüllte Wunsch, in: Die schönsten Gute-Nacht-Geschichten, hrsg. von Jella Lepman und Hansjörg Schmitthenner, Europa Verlag, Zürich, 1951, S. 85–87.

nete: *„Ich wünsche mir, dass jedes Stück Holz in Stücke geht, wenn ich es nur anfasse."*

*Als der Mann heimkam, setzte er sich auf einen Stuhl – der brach zusammen. Hernach zog er seine Holzpantinen an – die sprangen entzwei. Er wollte sich Strümpfe aus dem Schrank holen – da fiel der ganze Kasten in Stücke. Als er die Schwarzwälder Uhr aufzog – plumpste sie in tausend Scherben von der Wand. Als er das Brot in der Schublade suchte – stürzte der ganze Tisch zusammen. Nun wollte er sich ins Bett legen, aber – bums! – fielen die Bretter auseinander, dabei purzelte er gegen die hölzerne Wand – und jetzt fiel das ganze Haus ein! Da war sein Haus kaputt.*

*Nun wollte er zu Verwandten gehen, aber wie er dort an die Tür klopfte – ging die Tür mitsamt dem Türstock in Trümmer. Von da ab ließ ihn niemand mehr ins Haus, darum musste er im Wald schlafen. Im Schlaf stieß er an einen Baum – der krachte sogleich zusammen. Die Trümmer fielen dem Mann auf den Kopf. Da war er tot.*

Die Geschichte drückt es drastisch aus: Es gibt Wünsche, die besser nicht in Erfüllung gehen. So wäre ein allzu bequemes Leben keineswegs ideal. Womit nicht verharmlost werden soll, dass das Gegenteil, nämlich ein Leben unter harten Bedingungen, Menschen verbiegen und verhärmen kann.

Allerdings nicht zwangsläufig. Europäische Urlauber, die aus Armutsgebieten oder Staaten geschundener Volksgruppen heimkehren, berichten immer wieder verblüfft über die Gastfreundlichkeit und fröhliche Mentalität der Menschen, die sie dort angetroffen haben. Sie können gar nicht fassen, wie Familien unter derart eingeschränkten Lebensumständen zufrieden und heiter sein können. Freilich sind diese Familien „nichts Besseres gewohnt", aber das erklärt nicht, warum sie sich nicht schwermütig nach Besserem verzehren. Es erklärt nicht ihre seelische Standfestigkeit trotz der diversen Mängel, unter denen sie leiden.

Es ist eine unumstößliche Tatsache, dass Menschen, die mit einer schwierig zu meisternden Situation konfrontiert sind, der sie nicht ausweichen können, häufig ein Stück über sich selbst hinauswachsen. Im unmittelbaren Gefordert-Sein steigen in ihnen Kräfte hoch, an deren Existenz sie zuvor nicht geglaubt hätten. Beispielsweise ist beobachtet worden, dass Personen, die jahrelang wegen überproportionaler Ängste in psychotherapeutischer Behandlung gestanden sind, sich bei Zugunglücken oder Schiffskarambolagen als tapfere Retter erwiesen haben. Labile, leicht zu verunsichernde Persönlichkeiten wurden in Hungerszeiten zu findigen Lebenskünstlern. Hypochonder und Personen, die kein Blut sehen konnten, mauserten sich im Krieg zu wackeren Lazarettgehilfen …

Es scheint so zu sein, dass das Gesamtkräftepotenzial des eher ängstlich/pessimistisch veranlagten Menschen in die eine oder andere Richtung dirigiert werden kann: in die Richtung eines Ausbrütens von (zusätzlichen) „Schreckgespenstern" – oder in die Richtung einer aktiven Bewältigung von kniffligen

Gegebenheiten. Fehlen echte Bewältigungsherausfor-
derungen, machen sich die Schreckgespenster hinter
der Stirne breit, und umgekehrt: Treten echte Bewäl-
tigungsherausforderungen auf den Plan, verflüch-
tigen sich die Schreckgespenster wieder.

## Eine Kruste von Schwefelkristallen

In einem Textabschnitt von Wladimir Lindenberg[5]
beschreibt der Autor eine „Kruste von unschönen
Schwefelkristallen", mit der wir uns gelegentlich umgeben. Sie hängt uns an und hängt uns nach. Sie bin-
det Ressourcen, die dann nicht mehr frei sind. Sie
stinkt gleichsam zum Himmel. Aber sie muss nicht
sein. Man kann sie auch ablegen. Und nicht selten ist
es ein ernstes Ereignis, das als Resonanz die Kruste
abfallen lässt. Optimal wäre jedoch, wenn wir sie uns
erst gar nicht zulegen würden ...

*Wir umgeben uns im Laufe vieler trübseliger Jahre mit einer*
*Kruste von unschönen Schwefelkristallen, und unbewusst*
*warten wir auf den Prinzen aus dem Märchen, der sich über*
*uns beugt und uns von der Kruste befreit. Es mag ein Prinz*
*kommen, aber das kann viele Jahrzehnte dauern. Befreien*
*kann man davon immer nur sich selbst, denn es sind einge-*

---

5  Wladimir Lindenberg, Mit Freude leben, Ernst Reinhardt Verlag,
München, 1993, S. 11f.

bildete Krusten, gesponnen aus den grauen Gedanken, dass Menschen uns nicht mögen oder uns Böses antun wollen, dass man hinter unserem Rücken über uns klatscht, dass man uns Fallen stellt, dass man uns unsere Stellung, unseren Ruf, unseren Besitz entreißen möchte.

Es sind Millionen von Menschen, die so leben und die von der Wirklichkeit solcher Verhältnisse überzeugt sind. Sie sind schwach und unsicher, und sie lieben die Welt und die Menschen nicht, sie beachten nur sich selbst und beziehen alles auf sich. Und dieses ungute Selbst, diese böse Hexe aus dem Märchen, die man selber ist, sie spinnt jene unguten Fäden der Panik, des Verfolgungswahns, der Verdächtigungen um uns.

Die Menschen haben Angst, Angst vor einer ungewissen Zukunft, Angst vor einem Krieg, Angst vor Krankheit, vor dem Verlust von nahen Menschen und Angst vor dem Tod. Ich habe die Erfahrung gemacht, wenn sie vor Ereignissen standen, vor denen sie Angst hatten, in dem Augenblick der Konfrontation mit dem Ereignis, dass sie allen ihren Mut zusammenrafften und in wunderbarer Weise gefasst und gelassen den beängstigenden Dingen entgegentraten. Manche brüsten sich dann später ihres Mutes. Die meisten aber haben durch das Erlebnis, durch das sie hindurchgegangen sind, einen Sprung nach vorn gemacht. Sie sind zugleich bescheidener und demütiger geworden, und sie haben es deutlich gespürt, dass nicht sie die Mutigen waren, sondern dass eine andere geheimnisvolle Kraft sie wie schützend umgab.

Es gibt viele grundlegende Ereignisse im Leben des Menschen, die sich wie ein Stigma in seine Geschichte einbrennen; sie leben in ihm weiter, und er wird sie nie vergessen.

*Für den Pessimisten sind es oft die schrecklichen Erlebnisse, für jenen, der „auf dem Weg ist", sind es Erlebnisse der Verklärung.*

Neben Angst und Misstrauen sind auch Resignation und Niedergeschlagenheit Lebensbegleiter, die uns erlahmen lassen. Um sie abzuschütteln, gibt es einen brauchbaren Tipp: *Betrachte das Komplimentärsegment!* Wenn du einen Nachteil siehst, halte Ausschau nach dem Vorteil, der damit verbunden ist. Wenn dir etwas weggenommen wird, hole dir in Erinnerung, was dir zuvor zugestanden worden ist. Wenn dich ein Schicksalsschlag ereilt, überlege, wie lange er damit gezögert hat. Wenn du jemanden triffst, der mehr Glück erfahren hat als du, wende deine Augen jenen zu, die mit größtem Ungemach fertigwerden müssen. Da nun einmal alles zwei Seiten hat, eine „Tag-" und eine „Nachtseite" (Gustav Theodor Fechner), ist es gegen den natürlichen Rhythmus, sich auf die Nacht allein zu fixieren. Selbst wenn es Nacht *ist*, ist es nicht verboten, dem heraufdämmernden Tag entgegenzuhoffen. Und wären es die letzten Stunden eines Menschenlebens, und wären sie Nachtstunden, wäre es nicht verboten, vom vorhergehenden Tag zu zehren und dessen Nachglühen im Sternenschimmer zu erahnen. *Weil* eben Tag und Nacht im permanenten Wechsel zueinander stehen, existiert „Nacht pur" nicht, existiert kein Leid und kein Dunkel in Unerhellbarkeit.

Hier einige Beispiele:

*Nacht:* Einer 37-jährigen Frau wird zusammen mit 172 weiteren Mitarbeitern gekündigt, weil die Firma insolvent ist. Jetzt muss die Frau den Gürtel enger schnallen.

*Tag:* Endlich hat sie eine Verschnaufpause, kann sich stressfrei ihrem Kind widmen, kann viel wandern und Sport treiben – und bekommt die Bewilligung, umzuschulen und Neues zu lernen.

*Nacht:* Eine 60-jährige Rentnerin wird von ihrem Mann nach 30-jähriger Ehe wegen einer jüngeren Frau verlassen und steht jetzt gekränkt und allein da.

*Tag:* Niemand kann ihr die 30 Ehejahre rauben, die bereits gelebt worden sind. Und niemand kann ihr verwehren, ihre künftigen Jahre in einer Selbstständigkeit zu gestalten, die sie im Rahmen der Partnerschaft vermutlich gar nicht entwickelt hätte.

*Nacht:* Ein 51-jähriger Mann erfährt bei einer ärztlichen Untersuchung, dass ein inoperabler bösartiger Tumor in ihm wuchert.

*Tag:* Ein halbes Jahrhundert gesunde Lebenszeit ist ihm geschenkt worden, mehr als Scharen anderer Menschen. Als kleine Draufgabe erhält er eine winzige Verlängerung, gerade genug, um zu ordnen, was in „Unordnung" ist, und um seine Lieben zu segnen.

## Die Weisheit des Narren

In der nachfolgenden (gekürzten) Geschichte von Eva Fiedler[6] geht es ebenfalls um die Betrachtung des Komplimentärsegments, zu der sich ein König nicht aufrafft. Deswegen stürzt ihn jeder Tag in Verzweiflung, weil er während des Tages bereits die dräuende Nacht vor Augen hat. Er sieht sein Land vom Missgeschick verfolgt, und die Nachrichten, die er vernimmt, geben ihm Recht. Auf diese Weise verfällt er einer schweren Depression.

Schließlich ist es ein Narr, der ihn kuriert, indem er die Dinge „auf den Kopf stellt".

*Es war einmal ein Land, in dem herrschte ein König, der war gut und edel wie kein anderer. Nun hatte der König einen Narren, der war gleichermaßen beliebt am Hofe wie beim Volke. Sein Lieblingsausspruch war: „Es kommt im Leben bloß darauf an, die Dinge auf den Kopf zu stellen", und kaum hatte er das gesagt, so stand er auch schon selbst auf seinem Kopf und brachte den ganzen Hof zum Lachen …*

*Da aber geschah es, dass über das glückliche Land ein großes Unglück hereinbrach: Wurde ein Kind geboren und wollte der König sich eben so recht von Herzen über den neuen Erdenbürger freuen, ereilte ihn auch schon die Nachricht, dass zur selben Zeit einer seiner Untertanen*

6  Eva Fiedler, Die Weisheit des Narren, in: Die schönsten Gute-Nacht-Geschichten, a. a. O., S. 109–111.

*gestorben war, sodass die Freude des Königs sich augen-
blicklich in Trauer verwandelte. Man versuchte, das
schwere Schicksal durch Gebete und Messen abzuwenden,
doch umsonst – sobald im Land ein Kind zur Welt kam,
starb irgendein anderer Bürger.*

*Da erschien dem König das Missgeschick seines Volkes
unerträglich. Verzweifelt verließ er den Palast und ging in
den Wald, um sein Leben als Einsiedler zu beschließen.
Tagelang wartete das Volk vergeblich auf des guten Königs
Rückkehr; endlich schickte man einen seiner Minister aus,
ihn zu suchen. Der fand den König in einer ärmlichen
Einsiedlerhütte, fest entschlossen, nicht mehr an den Hof
zurückzukehren, weil er die Not seiner Untertanen nicht
mehr länger mit ansehen konnte. Vergeblich stellte ihm der
Minister vor, wie verlassen die arme Stadt sei, wie am Hofe niemand aus noch ein wüsste – er konnte den König
nicht zur Heimkehr bewegen. Ein Minister nach dem anderen wurde ausgeschickt, doch keinem gelang es, den König von seinem Entschluss abzubringen.*

*Zuletzt sprach der Narr: „Lasst mich zum König gehen,
ich bin sicher, ich bringe ihn zurück." … Und siehe da!
Kaum eine Stunde war vergangen, da erschien der König
wohlgemut am Arm des Narren und tauschte seine Ein-
siedlerkutte gegen seine königlichen Gewänder ein.*

*Die Minister umstanden den Narren voller Staunen
und bestürmten ihn, wie er denn dieses Wunder zustande
gebracht habe. Da erzählte der Narr, wie er den König in
tiefer Trauer vorgefunden … und wie er es zuletzt gewagt
habe, seinen alten Weisheitsspruch zu versuchen und dem
König zu raten, die Dinge ganz einfach auf den Kopf zu*

*stellen. „Du behauptest, edler Fürst", habe er gesagt, „dein Land sei vom Missgeschick verfolgt. Immer wenn ein Kind in deinem Reich zur Welt kommt, sterbe zur gleichen Zeit ein anderer deiner Bürger, sodass augenblicklich alle Freude in Trauer verkehrt werde. Stelle die Dinge auf den Kopf und sage dir, dass du vieles vor anderen Herrschern voraus hast. Stirbt in deinem Reiche einer, so wird gleichzeitig an anderer Stelle ein neues Leben geboren. Ist dies nicht ein Wunder?" Da habe der König ihn mit Tränen umarmt: „Deine Weisheit, o Narr, ist groß ... lass uns von nun an die Dinge auf den Kopf stellen!" Und glücklich habe er seinen Arm genommen und sei mit ihm zu seinen Untertanen zurückgekehrt.*

Dieser „narrensichere" Tipp hilft nicht bei sämtlichen Arten von Depressionen, aber bei der „Königskrankheit", die verbreiteter ist als man denkt, hilft er ausgezeichnet – auch uns schlichten „Untertanen".

Wie wir in obiger Erzählung hören, hat sich der Narr zur Demonstration seiner Strategie manchmal *selbst* auf den Kopf gestellt, und damit die Zuseher zum Lachen gebracht. Greifen wir diese Symbolik auf, um einen weiteren brauchbaren Tipp zu lancieren. Wer sein Leben radikal verändern möchte, der muss sich buchstäblich seelisch auf den Kopf stellen, denn Gewohnheiten sind zäh und ziehen ununterbrochen ins alte Gleis zurück. Was dabei „gymnastisch" hilft, ist ein Als-ob-Handeln: Man handelt, als ob man bereits jener andere wäre, zu dem man werden möchte. Noch ist es ein „verkehrtes", ein geschauspielertes Handeln, das nicht mit der echten Befindlichkeit übereinstimmt, aber konsequent durchgezogen wird es zunehmend echter. Am Ende darf man selber lachen, nämlich über den Erfolg seines gelungenen „Kopfstandes".

Ein Beispiel: Jemand hat Minderwertigkeitskomplexe. Er stuft sich als hässlich und albern ein, geniert sich vor Leuten mit sicherem Auftreten, gibt ihnen nur einsilbrige Antworten, sagt Einladungen ab und verhält sich insgesamt verklemmt und gehemmt. Aufgrund dessen lässt man ihn unbeachtet links liegen, was seine Minderwertigkeitsgefühle noch verstärkt. Drehen wir jetzt dieses Leben um 180 Grad um. Wie würde es ohne Minderwertigkeitsgefühle aussehen? Man gefällt sich, so wie man ist. Man geht ungeniert auf seine Mitmenschen zu, um mit ihnen zu plaudern. Ihre Ansichten sind interessant, aber nicht tonangebend. Ihre Einladungen sind erfreulich, ihre Kritik würde einen nicht in der Basis erschüttern. Man ruht in sich selbst. *Das* ist das Bild der Seele „im Kopfstand".

Jetzt mutig hinein ins Als-ob-Handeln! Noch fest in der Zange des Minderwertigkeitskomplexes nickt der Betreffende seinem Spiegelbild bestätigend zu und macht sich daran, auf seine Mitmenschen ungeniert zuzugehen, ihre Einladungen zu akzeptieren, ihren Ausführungen zu lauschen und ihre Fragen frank und frei zu beantworten, wie „ihm der Schnabel gewachsen ist". Donnerwetter, das ist eine kapitale Zumutung! Doch wenn er sein Als-ob-Handeln über eine längere Zeitstrecke konsequent beibehält, wird es ihn in ein neues Leben hineinkatapultieren, das wieder harmonisch übereinstimmt mit seiner echten Befindlichkeit. Die Übergangsphase ist knallharte unumgängliche Durststrecke.

## Der siebenmäulige Lindwurm

In einer (gekürzten) Kalendergeschichte von Johann Peter Hebel[7] über die Heilung eines Patienten aus dem 18. Jahrhundert wird der beschriebene Vorgang veranschaulicht. Ein reicher Amsterdamer leidet an einer merkwürdigen Krankheit, die Frankl eine „noogene Neurose" genannt hätte.[8] Der Arzt in Hebels Geschichte nennt sie „einen siebenmäuligen Lindwurm im Bauch" und lag mit dieser seiner Diagnose auch nicht falsch. Denn die sieben Mäuler: Langeweile, Faulheit, innere Leere, Bewegungsarmut, Nikotin- und Esssucht, Egozentrik und Wehleidigkeit entsprechen exakt dem Symptombild einer „noogenen Neurose", wie sie auch heute vorkommt. Und wie sie auch heute (leider allzu oft) mit Psychopharmaka zu

---

7  Johann Peter Hebel, Kalendergeschichten. Auswahl und Nachwort von Ernst Bloch, Insel Verlag, TB 17, Frankfurt/Main, 5. Auflage 1982, S. 54–57.
8  „Noogen" leitet sich vom griechischen Wort „nous" (= Geist) ab. Es handelt sich um psychische Missstimmigkeiten aufgrund einer geistigen Frustration über ein (sinn)leeres Leben.

betäuben versucht wird, statt „den Lindwurm samt Eiern zu töten".

Der Arzt in Hebels Geschichte jedenfalls kannte das richtige Rezept und bewog den reichen Amsterdamer zu handeln, *als ob* er sich in einem ganz anderen Leben befände, in einem einfachen, disziplinierten, fleißigen Leben, in dem die Vögel lieblich singen und die Kornrosen rot leuchten ... Der Amsterdamer marschiert mit großer Anstrengung in dieses neue Leben hinein, und als er endlich leiblich gesundet am Ziel angelangt ist, ist auch sein echtes Ich schon dort angekommen!

*Reiche Leute haben ... allerlei Lasten und Krankheiten auszustehen, von denen – gottlob! – der arme Mann nichts weiß; denn es gibt Krankheiten, die nicht in der Luft stecken, sondern in den vollen Schüsseln und Gläsern und in den weichen Sesseln und seidenen Betten, wie jener reiche Amsterdamer ein Wort davon reden kann. Den ganzen Vormittag saß er im Lehnsessel und rauchte Tabak ..., aß aber zu Mittag doch wie ein Drescher, und die Nachbarn sagten manchmal: „Windet's draußen oder schnauft der Nachbar so?" – Den ganzen Nachmittag aß und trank er ebenfalls, bald etwas Kaltes, bald etwas Warmes, ohne Hunger und ohne Appetit, aus lauter Langeweile, bis an den Abend ... Nach dem Nachtessen legte er sich ins Bett und war so müd, als wenn er den ganzen Tag Steine abgeladen hätte.*

*Davon bekam er zuletzt einen dicken Leib, der so unbeholfen war wie ein Maltersack. Essen und Schlaf wollten*

*ihm nimmer schmecken ... und wenn man ihn selber hör-*
*te, so hatte er 365 Krankheiten, nämlich alle Tage eine an-*
*dere. Alle Ärzte, die in Amsterdam sind, mussten ihm ra-*
*ten. Er verschluckte ganze Feuereimer voll Mixturen und*
*ganze Schaufeln voll Pulver und Pillen ..., aber alles Dok-*
*tern half ihm nichts.*

*Endlich hörte er von einem Arzt, der 100 Stund weit weg*
*wohnte, der sei so geschickt, dass die Kranken gesund wer-*
*den, wenn er sie nur recht anschaue, und der Tod geh ihm*
*aus dem Weg, wenn er sich sehen lasse. Zu dem Arzt fasste*
*der Mann ein Zutrauen und schrieb ihm seinen Umstand.*
*Der Arzt merkte bald, was ihm fehle ... Deswegen schrieb*
*er ihm ein Brieflein folgenden Inhalts: „Guter Freund, Ihr*
*habt einen schlimmen Umstand; doch wird Euch zu helfen*
*sein, wenn Ihr folgen wollt. Ihr habt ein bös Tier im Bauch,*
*einen Lindwurm mit sieben Mäulern. Mit dem Lindwurm*
*muss ich selber reden, und Ihr müsst zu mir kommen. Aber*
*fürs erste, so dürft Ihr nicht fahren oder auf dem Rösslein*
*reiten, sondern auf des Schuhmachers Rappen, sonst*
*schüttelt Ihr den Lindwurm, und er beißt Euch die Einge-*
*weide ab, sieben Därme auf einmal ganz entzwei. Fürs an-*
*dere dürft Ihr nicht mehr essen als zweimal des Tages einen*
*Teller voll Gemüs, mittags ein Bratwürstlein dazu und*
*nachts ein Ei, und am Morgen ein Fleischsüpplein mit*
*Schnittlauch drauf. Was Ihr mehr esset, davon wird nur*
*der Lindwurm größer, also dass er Euch die Leber ver-*
*druckt, und der Schneider hat Euch nimmer viel anzumes-*
*sen, aber der Schreiner. Dies ist mein Rat, und wenn Ihr*
*mir nicht folgt, so hört Ihr im andern Frühjahr den Ku-*
*ckuck nimmer schreien. Tut, was Ihr wollt!"*

*Als der Patient so mit ihm reden hörte, ließ er sich sogleich den anderen Morgen die Stiefel salben und machte sich auf den Weg … Den ersten Tag ging es so langsam, dass perfekt eine Schnecke hätte können sein Vorreiter sein, und wer ihn grüßte, dem dankte er nicht, und wo ein Würmlein auf der Erde kroch, das zertrat er. Aber schon am zweiten und am dritten Morgen kam es ihm vor, als wenn die Vögel schon lange nimmer so lieblich gesungen hätten wie heut, und der Tau schien ihm so frisch und die Kornrosen im Feld so rot, und alle Leute, die ihm begegneten, sahen so freundlich aus, und auch er; und alle Morgen, wenn er aus der Herberge ausging, wars schöner, und er ging leichter und munterer dahin, und als er am 18. Tage in der Stadt des Arztes ankam und den anderen Morgen aufstand, war es ihm so wohl, dass er sagte: „Ich hätte zu keiner ungeschickteren Zeit können gesund werden als jetzt, wo ich zum Doktor soll …"*

*Als er zum Doktor kam …, sagte [dieser]: „Das hat Euch ein guter Geist geraten, dass Ihr meinem Rat gefolgt habt. Der Lindwurm ist jetzt abgestanden. Aber Ihr habt noch Eier im Leib. Deswegen müsst Ihr wieder zu Fuß heimgehen und daheim fleißig Holz sägen, das niemand sieht, und nicht mehr essen, als Euch der Hunger ermahnt, damit die Eier nicht ausschlupfen, so könnt Ihr ein alter Mann werden", und lächelte dazu. Aber der reiche Fremdling sagte: „Herr Doktor, Ihr seid ein feiner Kauz, und ich versteh Euch wohl", und hat nachher dem Rat gefolgt …*

Es ist nicht zu leugnen, dass das Leiden am „siebenmäuligen Lindwurm" noch lange nicht ausgerottet ist

177

und dass es auch einem ansehnlichen Teil unserer hiesigen Bevölkerung nicht schaden würde, in die Fußstapfen des Amsterdamers zu steigen. Wobei es nicht bloß um Gewichtsreduzierung und Konditionsaufbau geht, wie die Pilgerreisen beweisen, die derzeit boomen. Die beiden Forscherinnen Tatjana Schnell und Sarah Pali von der Universität Innsbruck konnten nachweisen, dass sich auf meditativen Wanderungen Sinnkrisen quasi von selbst lösen und neuer Lebensschwung Einzug hält.

Der Amsterdamer aus Hebels Bericht hat sich also bekehrt. Es ist jedoch durchaus möglich, dass er bereut hat, viele Jahre mit Nichtstun, Herumsitzen und Schlemmen vergeudet zu haben. Wer von uns hätte nicht ebenfalls schon einmal gewünscht, frühere Entscheidungen revidieren zu können? Die meisten Menschen möchten nicht nochmals ganz von vorne anfangen, aber Teile ihres Lebens würden sie gerne ein zweites Mal durchleben, unter Einbringung der Erkenntnisse und der Reife, die sie mittlerweile gesammelt haben. Nur leider ist alles Getane und alles Versäumte für die Ewigkeit getan und versäumt. Frankl verband dies mit folgendem bemerkenswerten Gedankengang:[9]

„Von der Sterblichkeit wissen wir, dass gerade sie es ist, die die Verantwortung des Menschen überhaupt

---

9 Viktor E. Frankl, Der Wille zum Sinn. Ausgewählte Vorträge über Logotherapie, Verlag Piper, Serie Nr. 1238, München, Neuausgabe 1991, S. 104.

erst ausmacht; denn der Mensch, der unsterblich wäre, könnte mit Recht alle Gelegenheiten zur Wertverwirklichung ungenützt vorübergehen lassen, denn es käme niemals darauf an, dass er etwas eben jetzt tut – er könnte es genauso gut irgendwann später tun. Nur angesichts der zeitlichen Endlichkeit unseres Daseins ist es möglich, mit einer Art kategorischem Imperativ die menschliche Verantwortung zu ihrer ganzen Fülle aufzurufen, wie mit dem folgenden Imperativ: *,Handle so, als ob du zum zweiten Mal lebtest und das erste Mal alles so falsch gemacht hättest, wie du im Begriffe bist, es zu tun.'"*

Im Zitat taucht der Tipp des „Als-ob-Handelns" in einer neuen Variante auf. „Als ob du zum zweiten Mal lebtest …" In der Praxis hat sich diese Variante als psychotherapeutische Methode bewährt. Ein Patient wird zum Beispiel animiert, sich zehn Jahre voraus in die Zukunft zu versetzen. Ist er etwa 35 Jahre alt, soll er in einem Gedankenspiel als 45-Jähriger auf sein Leben zurückblicken und sich dabei fragen: „Was war das Wertvollste und Beste, wofür ich die letzten zehn Jahre genützt habe?" und „Was konnte ich in den letzten zehn Jahren mit eisernem Willen und einiger Plage vor dem Schieflaufen bewahren?" Seine eigene Antwort im Bewusstsein, soll er in seine Gegenwart zurückkehren und dementsprechend in seine Zukunft starten.

Der Vorteil bei dieser Methode ist, dass der Patient als fiktiv 45-Jähriger auf eine vergangene Lebensspanne zurückblickt, *die er noch ändern kann,* was ansonsten für keine einzige bereits gelebte Lebensspanne gilt. Statt also später zu bereuen, was er in den letzten zehn Jahren falsch gemacht hat (siehe Amsterdamer nach seiner Arztkonsultation), kann er dasselbe in den nächsten zehn Jahren goldrichtig machen! Eine ungeheure Chance!

Überhaupt möchte ich auch allen Nicht-Patienten empfehlen, sich in einer besinnlichen Stunde imaginativ in ihre Zukunft zu begeben und von einem zukünftigen Fixpunkt aus die Qualität ihrer restlichen Lebenszeit einzuschätzen. Sie werden in der Regel feststellen, dass vieles, was momentan für sie wichtig erscheint, von dem fernen Fixpunkt aus völlig bedeutungslos ist. Und dass manches, was sie derzeit gröblich vernachlässigen, sich zur späteren Bedeutung aufaddieren könnte. Wenn sie dem Rechnung tragen, „als ob sie zum zweiten Mal lebten", wird sich ihre Zukunft wie ein roter Teppich vor ihnen ausrollen. Die Mutigsten unter ihnen scheuen sich nicht, ihr gegenwärtiges Tun und Lassen sogar aus der Perspektive ihres *Lebensendes* her zu betrachten. Wer *das* wagt, dem offenbart sich glasklar, worauf es (heute) wirklich ankommt!

## Die Stadt Leiden

In einer weiteren Kalendergeschichte von Johann Peter Hebel[10] enthüllt sich die Endlichkeit alles Irdischen in einer Katastrophe, die eine ganze Stadt mit sich reißt: die Stadt mit dem treffenden Namen „Leiden". Spannend für einen Beobachter von außen, in dessen Position der Autor die Leserinnen und Leser hineinhievt, ist dabei die wimmelnde Geschäftigkeit der verschiedenen Stadtbewohner, die keine Ahnung davon haben, wie anders der Abend aussehen wird als der Morgen. Keiner der Toten des Abends ahnt am Morgen, dass soeben der letzte Tag seines Lebens angebrochen ist. Daher handeln die Stadtbewohner gemäß ihren Gewohnheiten und eingefahrenen Gebräuchen und legen damit in völliger Unkenntnis der wahren Situation ihr endgültiges „Zeugnis von sich selbst" ab. Die frommen Mütter handeln fromm, und die Diebe stehlen …, alles wie üblich. Nur dass keine Korrektur jemals mehr möglich sein wird.

Was würden sie tun, wenn sie dies wüssten? Wenn ihnen die Unausweichlichkeit des bevorstehenden Unglücks angekündigt wäre? Würden die frommen Mütter mit ihrem Tun fortfahren, ohne etwas zu ändern? Dann „Hut ab" vor ihnen! Und würden die Diebe in Frankls Worten „handeln, als ob sie zum zweiten Mal lebten und das erste Mal alles so falsch

---

10 Johann Peter Hebel, Kalendergeschichten, a. a. O., S. 12–14.

gemacht hätten, wie sie im Begriffe sind, es zu tun"? Die Wahrscheinlichkeit dafür ist groß. Was ergibt sich daraus? Dass die Katastrophe von sehr unterschiedlicher Relevanz für die Stadtbewohner ist! Die einen holt sie am richtigen Platz ein, und die anderen am falschen. Ob das eine Rolle spielt, wenn sie alle tot sind?

Nun, wer weiß? Vielleicht ist es das Einzige, das wirklich eine Rolle spielt bei unserer kurzen Stippvisite auf Erde. Denn selbst wenn es eine transzendente Ebene gibt, in der jede falsche Spur unseres Erdendaseins barmherzig getilgt wird, könnte keine Verfälschung der Wahrheit in sie hineingemogelt werden: kein vorbildliches Anständig-Sein der Diebe und kein stattgefundener Einbruch der frommen Mütter am letzten Tag ihres Lebens. Keine nachträgliche Verbesserung und keine nachträgliche Verschlechterung dessen, was wahr geworden ist. Keine Korrektur im Himmel oder in der Hölle der Wahrheit über sich selbst.

Es ist deshalb weise, sich theoretisch als Einwohner der Stadt Leiden zu verstehen. Denn auch wir wissen nie, was der Abend bringen wird und wie viel Zeit uns noch gewährt ist – für die Verwirklichung guter Vorhaben. Sollte eine Korrektur nötig sein, beginnen wir am besten gleich damit. Sollte eine solche im Großen und Ganzen nicht nötig sein, blicken wir dem Kommenden gelassen entgegen. Sei es noch so furchtbar – wenn es uns am richtigen Platz vorfindet, was wollen wir mehr?

*Diese Stadt heißt schon seit undenklichen Zeiten Leiden und hat noch nie gewusst, warum, bis am 12. Jänner des Jahres 1807. Sie liegt am Rhein in dem Königreich Holland und hatte vor diesem Tag 11.000 Häuser, welche von 40.000 Menschen bewohnt waren, und war nach Amsterdam wohl die größte Stadt im ganzen Königreich. Man stand an diesem Morgen auf wie alle Tage; der eine betete sein ‚Das walt Gott‘, der andere ließ es sein, und niemand dachte daran, wie es am Abend aussehen wird, obwohl ein Schiff mit 70 Fässern voll Pulver in der Stadt war.*

*Man aß zu Mittag und ließ sichs schmecken wie alle Tage, obwohl das Schiff noch immer da war. Aber als nachmittags der Zeiger auf dem großen Turm auf halb fünf stand – fleißige Leute saßen daheim und arbeiteten, fromme Mütter wiegten ihre Kleinen, Kaufleute gingen ihren Geschäften nach, Kinder waren beisammen in der Abendschule, müßige Leute hatten Langeweile und saßen im Wirtshaus beim Kartenspiel und Weinkrug, ein Bekümmerter sorgte sich für den anderen Morgen, was er essen, was er trinken, womit er sich kleiden werde, und ein Dieb steckte gerade einen gefeilten Schlüssel in eine fremde Tür – und plötzlich geschah ein Knall! Das Schiff mit seinen 70 Fässern Pulver bekam Feuer, sprang in die Luft, und in einem Augenblick waren ganze lange Gassen voll Häuser mit allem, was darin wohnte und lebte, zerschmettert und in einen Steinhaufen zusammengestürzt oder entsetzlich beschädigt.*

*Viele hundert Menschen wurden lebendig und tot unter diesen Trümmern begraben oder schwer verwundet. Drei Schulhäuser gingen mit allen Kindern, die darin waren,*

183

*zugrunde; Menschen und Tiere, welche in der Nähe des Unglücks auf der Straße waren, wurden von der Gewalt des Pulvers in die Luft geschleudert und kamen in einem kläglichen Zustand wieder auf die Erde. Zum Unglück brach auch noch eine Feuersbrunst aus, die bald an allen Orten wütete, und konnte fast nimmer gelöscht werden, weil viele Vorratshäuser voll Öl und Tran mit ergriffen wurden. 800 der schönsten Häuser stürzten ein oder mussten niedergerissen werden. Da sah man denn auch, wie es am Abend leicht anders werden kann, als es am frühen Morgen war, nicht nur mit einem schwachen Menschen, sondern auch mit einer großen, volkreichen Stadt.*

Frankl hat sich wie kaum ein psychologischer Experte vor ihm mit der „tragischen Trias" im menschlichen Leben: *Leid, Schuld und Tod* befasst und therapeutisch-philosophische Konzepte ausgearbeitet, wie es gelingen kann, angesichts dieser tragischen Trias ein bedingungsloses Ja zum Leben zu sprechen. Da ich aus seinem Repertoire bereits einiges zur Leid- und Endlichkeitsbewältigung dargelegt habe, möchte ich mich zur Abrundung noch dem traurigen Thema *Schuld* widmen. Es empört uns allemal, von schwerwiegenden Schuldbegängnissen zu hören. Wir verurteilen die Taten zu Recht! Und trotzdem ist Vorsicht geboten mit dem Stabbrechen und Aburteilen. Denn die eigentliche Richterrobe ist nicht unsere, sondern die eines Höheren …

## Zwiegespräch an der Krippe

Eine meiner Patientinnen ist als zehnjähriges Mädchen vergewaltigt worden. Sie hat nie mit jemandem darüber gesprochen; damals nicht mit ihrer Mutter, weil sie sich geschämt und gedacht hat, ihre Mutter würde mit ihr schimpfen, und später auch nicht mehr. Trotzdem hat sie sich zu einem lebenstüchtigen, gebildeten Menschen entwickelt, trug aber 40 Jahre später das Erfahrene immer noch mit sich herum, bis sie es mir im Gespräch anvertraute. Ihr lang verhaltener Zorn wallte hoch. Welch abscheulicher Mann, und sie hatte in ihrer Unwissenheit als Kind verhindert, dass er angezeigt und bestraft worden war!

Ich spürte, dass diese alte Angelegenheit abgeschlossen werden musste, und zwar *konstruktiv*. Deshalb sagte ich zu der Frau, dass sie sich mit ihrem Vergewaltiger offen „aussprechen" und auseinandersetzen solle. Sie glaubte nicht recht zu hören, denn selbstverständlich kannte sie den Mann von vor 40 Jahren nicht; auch mochte er gar nicht mehr am Leben sein. Dessen ungeachtet erklärte ich ihr, dass sie sich mental mit ihm treffen und innere Zwiesprache halten könne und dass es „für ihre Seele" genauso sein würde, als sei sie ihm noch einmal leiblich begegnet. Sie solle sich einen abgeschiedenen Ort für diese imaginäre Begegnung aussuchen und den Mann dort *auf sich zukommen lassen*, als sei er leibhaftig anwesend. Ferner gab ich ihr ein paar gedankliche Stützen für den Dialogverlauf mit.

Einige Wochen später erschien die Patientin wieder zur Beratung, befriedet und gelöst. Sie berichtete mir, sie sei an einem regnerischen Tag an einem Flussufer entlangspaziert, weit und breit allein. Da habe sie meinen Rat befolgt und beschlossen, sich in ihrer Fantasie ihrem einstigen Vergewaltiger zu stellen. Wie in einem Wachtraum sei er daraufhin auf sie zugeschritten, mit dem gleichen schwarzen Haar, an das sie sich noch erinnern konnte. Sie seien beide stumm voreinander stehen geblieben und schließlich gemeinsam am Flussufer weitergegangen. Da habe sie zu reden begonnen und ihm erzählt, welche Schmerzen, Ängste und Schamgefühle sie seinetwegen als Kind durchgemacht und wie sie alles aus Unverständnis verschwiegen hat. Wie es sie jahrelang belastet hat. Er habe zugehört, ohne sich zu verteidigen.

Nach einer Weile sei sie ruhiger geworden, und mit der Zeit sogar ein bisschen neugierig auf ihn. „Jetzt sag mir, wer du bist", habe sie ihn aufgefordert. „Wie bist du aufgewachsen, wie auf die kriminelle Bahn geraten?" Er habe ihr leise geantwortet, dass er in einem Kinderheim groß geworden sei, immer unter gleichaltrigen Jungen. Dass er sich später nicht an Frauen herangewagt habe und unter dem erwachenden Trieb und in seiner Scheu angefangen habe, kleinen Mädchen aufzulauern. Sie sei nicht die einzige gewesen ... Mit der Zeit habe er diese schreckliche Phase überwunden und geheiratet; seither sei nichts

Abartiges mehr vorgefallen. Aber er verstehe sehr
wohl, was das Verschweigen des Vorfalls für sie bedeutet haben musste, denn auch er habe ein Leben
lang geschwiegen und seine Schuld tief in seiner
Brust vergraben. Jeder seiner Freunde und auch seine
Frau hätten ihn ja zutiefst verachtet, wenn er sich zu
seinen Vergehen bekannt hätte.

Während die Patientin ihm – immer noch in ihrer
Vorstellung – lauschte, entwichen allmählich ihre ne-
gativen Gefühle. Sie schaute in den Fluss, und ihr war,
als ob dieser ihren Zorn hinwegschwemme. Plötzlich
hielt ihr Begleiter an, wandte sich ihr zu und kniete
wortlos vor ihr nieder. Da beugte sie den Kopf zu ihm
hinunter und sagte spontan: „Du armer Mann!" Dann
ging sie, ohne sich umzudrehen, auf ihrem Weg weiter, und der kniende Mann blieb hinter ihr zurück,
wurde kleiner und kleiner – und verschwand.

Die Patientin war geheilt.

Dies diene all jenen Menschen zum Vorbild, die meinen, ihren Schuldigern niemals vergeben zu können.
Sie mögen bedenken: Sie schleppen nicht nur den
Groll über die fremde Schuld mit sich herum, sie stehen auch mit ihrem eigenen Versagen und Vergehen
hilflos da. Denn wie könnte jemand, der nicht vergibt,
darauf bauen, dass ihm selbst dereinst vergeben wird?
Doch vielleicht ist es das Wesen der Gnade, umgekehrt, „gegen den Uhrzeigersinn" zu wirken, indem
jeder, der wider alle Vernunft darauf baut, dass ihm
vergeben wird, endlich selber vergeben kann?

Die nachfolgende Weihnachtsgeschichte eines unbekannten Autors symbolisiert die letzte und höchste Heilungsmöglichkeit auf kindlich schlichte Art. Dadurch avanciert sie geradezu zu einer „wahren Geschichte" in dem Sinne, den Frankl im Auge hatte, als er fragte: „Ist es nicht so, dass die [...] Annäherung an das Geheimnis und Rätsel der letzten Wahrheit eher auf dem symbolischen Wege als auf einem bloß abstrakten etwas hergibt?"[11]

Lassen wir uns deswegen von dieser Weihnachtsgeschichte berühren, die wahrer sein könnte, als all unsere Vernunft jemals zu begreifen imstande wäre:

*... mit den Hirten betrat ich den Stall und schaute mich um. Ich sah die Tiere, Maria und Josef und die Krippe. Ich schaute das Kind an, und das Kind schaute mich an. Plötzlich bekam ich einen Schreck, und Tränen traten mir in die Augen. „Warum weinst du?", fragte das Jesuskind. – „Weil ich dir nichts mitgebracht habe!"*

*„Ich möchte aber gern etwas von dir bekommen", sagte das Jesuskind. Da wurde ich rot vor Freude. „Ich will dir alles schenken, was ich habe", entgegnete ich. „Drei Dinge möchte ich gern von dir", sagte das Jesuskind. Ich fiel ihm gleich ins Wort: „Meinen neuen Mantel, mein Fahrrad und mein spannendes Buch?" „Nein", erwiderte das Jesuskind, „das alles brauche ich nicht. Dazu bin ich nicht auf die Erde gekommen. Ich möchte etwas ganz anderes von dir haben."*

---

11 Viktor E. Frankl, Der unbewusste Gott. Psychotherapie und Religion, dtv Nr. 35058, München, 7. erw. Ausgabe 1992, S. 93.

Ich überlegte. „Was denn?" fragte ich unsicher. „Schenke mir deinen letzten Aufsatz", sagte das Kind leise, damit es niemand hören konnte. Ich erschrak. „Jesus", stotterte ich und kam ganz nah an die Krippe heran, „da hat doch der Lehrer ‚Nicht genügend' darunter geschrieben". „Eben deshalb möchte ich ihn haben." „Aber warum denn?", fragte ich. „Du sollst mir immer das bringen, wo ‚Nicht genügend' darunter steht. Versprichst du mir das?" „Ja, sehr gern", antwortete ich.

„Ich möchte noch ein zweites Geschenk von dir", sagte das Jesuskind. Hilflos guckte ich umher. „Deinen Trinkbecher", fuhr das Kind fort. „Aber den habe ich heute morgen zerbrochen", entgegnete ich. „Du sollst mir immer das bringen, was du in deinem Leben zerbrochen hast. Ich will es wieder heil machen. Gibst du mir auch das?" „Das ist schwer. Aber wenn du mir dabei hilfst!"

„Nun mein dritter Wunsch", sagte das Jesuskind. „Bring mir die Antwort, die du deiner Mutter gegeben hast, als sie fragte, wie denn der Becher kaputtgegangen sei." Da legte ich die Stirn auf die Kante der Krippe und weinte. „Ich, ich, ich ...", brachte ich unter Schluchzen heraus, „in Wahrheit habe ich den Becher nicht umgestoßen, sondern ihn absichtlich auf den Boden geworfen, weil ich wütend war auf meine Mutter." „Ja", sagte das Kind da, „bring mir immer alle deine Lügen, deinen Trotz, deine Enttäuschung, deinen Ärger, dein Böses, was du getan hast. Ich will dich annehmen und dir vergeben. Ich will dich an deiner Hand nehmen und dich führen."

Und ich schaute, hörte und staunte ...

## Die Autorin

Elisabeth Lukas, geboren 1942 in Wien, ist Schülerin von Viktor E. Frankl. Als Klinische Psychologin und approbierte Psychotherapeutin spezialisierte sie sich auf die praktische Anwendung der Logotherapie, die sie methodisch weiterentwickelte. Nach 13-jähriger Tätigkeit in deutschen Erziehungs-, Familien- und Lebensberatungsstellen (neun Jahre davon in leitender Position) übernahm sie 1986 die fachliche Leitung des von ihrem Mann und ihr gegründeten „Süddeutschen Instituts für Logotherapie GmbH" – einem Wissenschaftsinstitut mit psychotherapeutischer Ambulanz – in Fürstenfeldbruck bei München, die sie 17 Jahre lang innehatte. Nach ihrer Rückkehr in ihre österreichische Heimat arbeitete sie fünf Jahre lang weiterhin als Hochschuldozentin (zuletzt als Lehrbeauftragte der Donau-Universität Krems) und war danach noch jahrelang als Lehrtherapeutin und Supervisorin beim österreichischen Logotherapie-Ausbildungsinstitut ABILE tätig.

Vorträge und Vorlesungen auf Einladung von mehr als 50 Universitäten im In- und Ausland (darunter länger andauernde Lehraufträge an den Universitäten München, Innsbruck und Wien) sowie Publikationen in 18 Sprachen machten sie international bekannt. Ihr Werk ist mit der Ehrenmedaille der Santa Clara University in Kalifornien für „outstanding contributions in counseling psychology to the world community" und mit dem großen Preis des Viktor-Frankl-Fonds der

Stadt Wien ausgezeichnet worden. 2014 verlieh ihr die Universität Moskau eine Ehrenprofessur.

Von Elisabeth Lukas sind seit den 1980er-Jahren inklusive der fremdsprachigen Übersetzungen 136 Bücher erschienen. Nachstehend sind die vom Verlag Neue Stadt herausgegebenen Bücher von ihr aufgelistet, die auch in Form von E-Books erhältlich sind:

„Binde deinen Karren an einen Stern. Was uns im Leben weiterbringt", 3. Auflage 2016.

„Dein Leben ist deine Chance. Anregungen zu einer sinnvollen Lebensgestaltung", Neuausgabe 2018.

„Der Freude auf der Spur. Sieben Schritte, um die Seele fit zu halten", 3. Auflage 2013.

„Die Kunst der Wertschätzung. Kinder ins Leben begleiten", Neuausgabe 2018.

„Einmal rund um die Sonne. Begleitende Gedanken für das ganze Jahr", 2016.

„Quellen sinnvollen Lebens. Woraus wir Kraft schöpfen können", 2014.

„Von der Angst zum Seelenfrieden", gemeinsam mit Koautor Reinhardt Wurzel, 2015.